# 木藝師 游禮海

雕琢生命智慧的工藝瑰寶

文／陳銘磻　圖／游禮海・游秀能・陳銘磻

佝僂執刨，倚傍在摻雜蔭光微亮的工作臺，他以八十餘歲仍硬朗的體魄，一刀一鑿巧思作工，正研磨，覺得手重，惹惱汗水沾溼布衫，無論勞累，不說辛苦，一夜刨木到天明。

忽忽想起多年來，身陷笨重木堆，製作木器，不禁意氣昂揚起來；他對大自然與土地的敬重之情，別具一番澎湃，彷彿今生只能投身「在木藝是我，我即美感」的創作之中。

歲月不居，一時回眸滿室機械與堆木，忽焉緇服蒼顏，好比探見自己的一生與木業如此緊密結合。他相信，大自然這個人類無力掌控的大宇宙，似乎也以平和之氣保護照應以木頭為材質創造出來，可以包容謙和、純淨的木藝小宇宙；他如此信任美，也相信美將給他的作品帶來優雅的生動力量，流傳長久。

# 礦工的兒子要當木匠

# 景色美得使人驚心的大溪

出身木器家具製造業，被譽為「大溪瑰寶」的國寶級創意木藝師，專研木雕藝術長達近七十年，以創新思維，為臺灣木雕工藝孕育豐富生命，榮獲前文建會登錄為無形文化資產保存者的游禮海，出生臺灣檜木主要輸出門戶，舊稱桃園縣復興鄉盛產高級針葉林木的雪山山脈，再以大漢溪為河運輸送管道，運送到淡水、大稻埕、艋舺、新莊各地的大溪鎮，這個小鎮已於二○一四年底更名為桃園市大溪區。

自大清帝國以降，大溪即因木業興盛，遂成桃園市廟宇、古蹟、歷史建築最密集所在，以及保存傳統「大木作」建築業和「小木作」家具業、神佛雕像與供桌製作，獨步全臺的地方，更是臺灣木匠和木藝師的養成場域。

僻處幽靜鄉里的大溪，位於桃園市中部偏東，北鄰八德區，西銜平鎮區與龍潭區，南隔石門水庫與復興區相望，東接新北市鶯歌區及三峽區。土地面積一〇五．一二〇六平方公里，為桃園市第二大市區，僅次於居住不少泰雅族原住民的復興區。

大溪以大漢溪為界分隔東西兩岸，「河東」是傳統行政與經濟中心，神龕供桌木器行林立街頭巷尾，觀光生態發展快速，猶為特色；市區擁有不少知名旅遊景點，大漢溪、大溪橋、大溪公園、木藝博物館、巴洛克風格的大正式建築的和平老街、老茶廠、李騰芳古宅、慈湖、愛情故事館等。「河西」因國道三號大溪交流道開通，概以透天住宅與大型高樓豪廈住宅發展為要。

大漢溪，自古水流湍急，原有河道形成河階地，沿岸有數層與流域平行的河階地形；最高一階地名「三層」，屬於山區；最低一階「月眉」，地處河階低窪區；位於上下階中間的第二層，既無山區蜿蜒的不便交通，也沒有窪地的水患之虞，適合居住，自然成為大溪開發最早，也是最富庶的地方。

大溪地勢多臺地丘陵，平原少，主要河川有大漢溪、烏塗窟溪、草嶺溪

大漢溪大溪段

大溪橋地形圖（攝自大溪木藝博物館）

等；重要山脈有金面山、白石山、溪洲山、草嶺山、尾寮山、烏塗窟山等。這裡最早稱「大姑陷」，名稱源自平埔族霄裡社人稱大漢溪「Takoham」的音譯。大清乾隆年間，漳州人沿大漢溪逆流而上，到此開墾，漢人咸認「陷」字不祥，遂以地處河崁，改名「大姑崁」。同治初年，當地住民李金興出仕，李騰芳中舉，鄉民為彰顯科舉功名，又將地名改為「大科崁」。光緒年間，巡撫劉銘傳在此設大嵙崁撫墾局，所以又將「大科崁」改成「大嵙崁」，直到一九二〇年，日治臺灣總督府首度將地名改稱「大溪」，沿用至今。

興起大清光緒年間的大溪，除了擔任桃園復興鄉木材輸出主要門戶，且以大漢溪為河運管道，船運往來頻繁，是當年臺灣北部米、鹽、木材、煤礦、樟腦和茶葉的重要運輸中心，更是大溪河運黃金時期，商賈雲集所在，最多達三、四百戶，大都集中現今和平路、中山路老街一帶。

當前大溪河運雖則不復存在，但往昔渡船頭仍然保存良好。二〇一二年三月，由交通部觀光局舉辦的「臺灣十大觀光小城」票選活動，大溪獲選為觀光景點第一名。

大漢溪大溪段停泊的船隻（攝自大慶洞壁畫）

大溪婦女採摘水果工作圖（攝自大慶洞壁畫）

大溪特產除揚名遠近的豆干、陀螺玩具，便是木器家具與木藝製品，其中又以紅木神桌獨特精細的雕紋最受青睞，大溪先人特別將木藝技術結合在地傳統文藝神將大仙尪，致使大溪成為北臺灣三大神將重地，與新北市蘆洲、宜蘭齊名。

已故文學家賴和在他的《一九〇八—一九一四稿本》記載：「年暇由臺北徒步回家途中計費五日，始由三角湧（今三峽）沿中央山脈至頭份乃折向中港遵海濱而行，山嵐海氣殊可追念。」敘述他從臺北步行回彰化途中，從新店溪渡船轉大漢溪到三峽，沿途經大嵙崁（大溪）、鹹菜甕（關西）、北埔、頭份等地，或寄宿友人家，或借住寺院，深刻體驗臺灣北部的山嵐峰煙、鄉土人情。返家後，共計寫下二十一首詩作，其中〈大嵙崁〉即是描寫路過大溪的感懷：

吾生長嵙崁，又入嵙崁鄉，前途尚遙遠，亂山暝夕陽。
徒步八十里，腳軟行踉蹌，空聞角板山，地勝饒風光。

大溪和平街（攝自大慶洞壁畫）

大溪和平老街熱鬧盛景（攝自大溪木藝博物館）

思欲一探之，吾腳力已疲，即此問風俗，語苦不能通。

我本客屬人，鄉言更自忘，感然傷懷抱，數典愧祖宗。

原來，熱愛土地的賴和從臺北出發，耗時五日，徒步回到彰化的用意，是打算考驗自己的毅力與耐力，宛如嬰兒學習走路，儘管朝前跌了過去，幾番跌跌撞撞，尚能宜養茁壯之氣。這是身處搖搖欲墜的亂世，不惜一切，往前跋涉的精神象徵；說穿了，也正是景色美得使人驚心的大溪，讓賴和有感而發寫下這段美妙文字。

路過大溪，亦能為大嵙崁留下翩翩詩作的賴和，跟一九三三年與日本明仁天皇同年出生，幼時生長於叢山茂林的大溪頭寮，長大後，因致力木藝創作，被世人譽稱「大溪瑰寶」的游禮海，同樣承受土地之愛的影響，創作無數震驚工藝界的木藝作品，留給人間讚嘆無限的驚天之作。媒體喻為「木器界王永慶」的游禮海，已然成為大溪負有盛名，不同凡俗的木藝要人。

當前，改建自日治昭和一六年（一九四一）營造的大溪郡役所警察課官

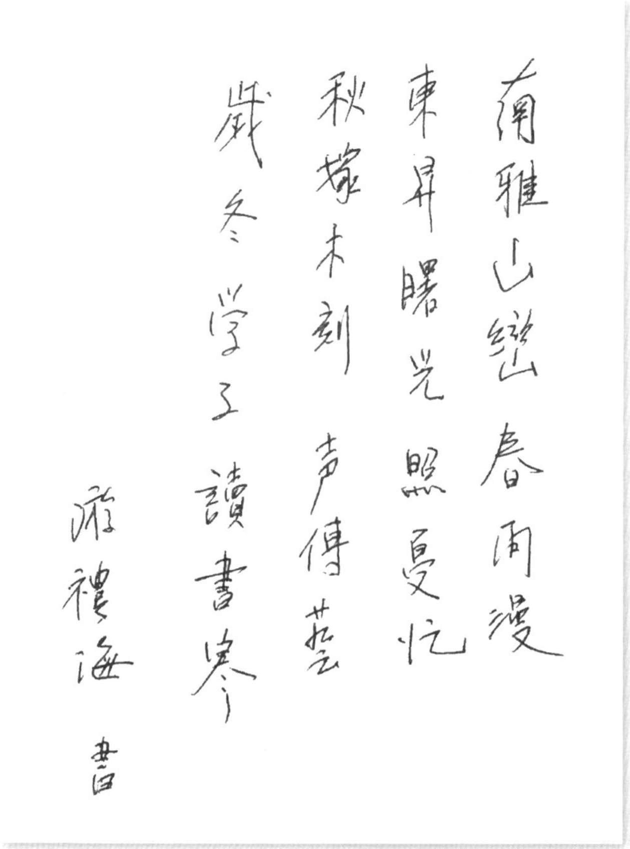
蘭雅山巒春雨漫
東昇曙光照夏忆
秋緣木刻声傳藝
歲冬学子讀書寒
游禮海 書

游禮海詩作〈大溪四季〉筆跡

舍，如今隸屬大溪木藝生態博物館的「藝師館」，亦收藏有藝師游禮海撰寫大溪四季的一首詩作：

南雅山巒　春雨漫
東昇曙光　照夏忙
秋嫁木刻　聲傳藝
歲冬學子　讀書寒

註　南雅，包括大溪月眉里、福仁里、興和里、田心里等大溪區中心，行政機關、和平路、中山路老街、大漢橋、武嶺橋、崁津大橋等區域，庶民習稱南雅。

# 他的貧寒童年與困苦緊緊相繫

即或如游禮海，從一九三三年六月十五日出生那刻，便生活在這一座被溪水和山林分割，父祖輩開墾的沃土小鎮，活在尚不能用語言表達情緒的幼年時代，成天與一座座壯美異常的山巒為伍，頭寮山、溪州山、金面山、枕頭山、阿姆坪等山脈屹立四周，把整個大溪領域團團包圍。

大漢溪沿岸開闊的領域，寬敞廣大、沒有障蔽的平原，田疇水利豐足，近山園林栽種雜穀、果樹、茶叢，深山則蘊藏豐盛礦產，煤礦、石灰石、矽砂等。晴朗的高空中偶有兀鷹展翅翱翔，時而發出一兩聲嘹唳鳴叫，捲起山林一陣肅寂浮塵。

不論春夏，大溪山林幽深邈遠，充滿變化莫測的寂寥樣貌，即使晴天時

大溪頭寮依然保有鄉野氣息

刻，屹立不動的山脈上空淡雲如紗，路邊榕樹幾隻雀鳥圓熟清脆的啼叫聲，流竄一股濃濃的神祕色調，那舒展在枝椏，綠意剔透得彷彿三月春雨過後，盈盈滑落葉片，一滴一滴的晶瑩水珠，顯現得格外明淨透亮；陽光照耀時，綠葉不期然反覆折射出七彩光芒。彼時，身陷家境貧寒，素性偏愛大自然，生性敏銳的游禮海，他那以大自然為師的敬服之心，即是在這座迷離屏障的荒野地培養出來的。

他喜歡變化不定的天候可以豐富心靈。然，尚未被改造成「大溪陵寢」，一九八八年元月十三日蔣經國逝世前的頭寮，背倚草嶺山，前臨大漢溪，境內峰岫連亘羅列，煙雲變幻萬狀，蔚成奇觀，生活在這裡的人不多，聚落稀疏，大都密林古道，但見猴洞坑坡地錯落三五紅磚古厝，困倦似地被野草藤蔓無止盡纏繞，以及幾隻蜷伏老厝邊，不斷舔舐身上短毛的灰紋貓，靜寂默聲，極盡荒涼之境。

名列桃園唯一火山的草嶺山，依舊草木成林，小徑縱橫，深邃難測，每

經國紀念館

經國紀念館在大溪頭寮

頭寮生態步道

清靜荒野頭寮路

頭寮村落的紅磚屋

逢夏秋之際，夕陽懸掛山頭，蝙蝠成群，漫天飛翔，上下交織，宛若流梭，恰成奇景。

日治末期出生與成長在荒涼野境的頭寮聚落，若依現今眼界環視，可是盛事，「蔣經國陵寢及紀念館」都在那裡耶！果真好福地。但在游禮海時際年幼的心田，無論如何也勾勒不出什麼美麗願景！他成長的荒涼小村落，如今掩蔽未見，土地早早被拓寬成柏油馬路了。

縱然，文獻資料記載的大溪為攬景勝地，也抵不過他和家人必須面對失去父親後的焦灼境遇。如此盛景的鄉土幻影，優雅恬適的大溪田園鄉氣，只能聊備一格作為他稚幼記憶中，難以抹去的世外桃源罷了。無論如何，這裡曾是他用單純熱情點燃少年夢想的地方；有時，安靜時刻，整個世界好似也跟著變得寂寂無聲了。

實則，如同仙境的故鄉，更且隱藏他和家人必須共同面臨生活挑戰的黯淡情懷。沒有光明，無法憧憬，緊緊拖扯游家困阨氣息的，僅剩生計分崩離析的突兀歲月，這種看來多麼悽楚不足道，一不小心恐怕就會崩裂的困境，動輒易於使人心生墮落與自暴自棄的酸澀，意味誰都無法輕易逃脫虛無的遺憾。

少人居住的紅磚屋

形同廢棄的紅磚屋

## 任由環境支配的無奈

游禮海出生的一九三三年，正是日治昭和八年，在這之前的昭和二年八月，大溪公園經《臺灣日日新報》票選為「臺灣八景十二勝」之一，他的幼年時代就在這個名勝之地生活。

跟所有當代臺灣孩童一樣，他頂著一顆青磣白亮的光頭在僻靜的頭寮成長，那顆青磣光頭好似剛被電鋸使力鋸斷的樹枝，雖然還殘留些許青澀光澤，卻看不出絲毫意氣風發的模樣。他的童年就在荒蕪著一顆慘白光頭，沐浴風中、陽光下，難能遂意的在沉悶氣氛裡，任由環境支配種種不安定的懸揣無奈，領受屬於他既單薄又慘澹，鄙猥艱難的蒙稚生涯。

大溪老街和平街

大溪公園曾是臺灣八景十二勝之一

大溪老街的遊客經年累月仍是絡繹不絕

幸好，他偏離常人意識的樂天知命的性格，的確使他產生一種我行我素的自覺，那是為了喚醒自己不想、不願被貧困生活束縛的掙脫意識，產生的獨立信念。

由於長期生活在沒有安全感的家庭，母親承襲舊有思維，只要他出個門即擔憂懼怕的認為「出門，便會有事發生」。如此反覆無終的生活模式，使他的寂寞逐漸形成不被他人理解的孤獨，這種不斷侵入他靈魂底層的孤獨，反而成為彰顯他青春成長之後，獨自面對孤立的木藝化境最為有力的功臣。

雖則命定必須承受一段長時間慘澹的孤寂童年，可那天賦無可救藥的積極樂觀能耐，反而讓他的孤獨衍化成「有所為有所不為」的自信，陪他一生一世。這就好比喜歡大溪故鄉一樣，他用歡喜滿滿的心情躍入心目中的農家田園，賞看無邊無際的天空景致，然後創造出氣勢宏偉的精巧木藝。

頭寮農村生活為他所愛，田園大自然成為他對充實生命的嚮往與憧憬，可尋獲明晰想法的深刻印記；實際上，天空不過就是一塊藍色的畫布而已，他卻喜歡用想像在那片畫布上塗抹讓自己歡心的各種影像，當然，所有的影像與色彩都只是他想像空間的裝飾品而已。

如果說他性格中還有一點崇尚大自然的因子，肯定是受了大溪天然的地理環境影響。

他要的無非是從單薄的生活中找到自己的一片天。

這是一種賦與勇氣的色彩意象，一旦生命充滿空白，比至毫無色澤時，其實也正是他接受人生挑戰的開始。

這樣說，這樣形容一個內心單純的小孩，斷定他的內心世界早已渴望能脫離使人難堪的窮困生計，取而代之的反倒是他希望能從逃脫貧困的壓迫，與家人安度歲月。

有錢沒錢天注定，心中有情有愛最重要，他想。而他一直這麼謹小慎微的活著。

於是，他開始施行自我意識強烈的「我行我素」的人生態度，他要用這

頭寮田園

頭寮老屋

頭寮大池的水色美景

原名新福圳的頭寮大池

種自認為是自然主義的主張，追求有所作為的生活形態，並且要求自己徹底將不美好的陰影拋擲掉。

這不是隨口說說便了的語意，小小年紀，若想拋擲掉作為一介貧困人家的子弟，除了必要以多方才能簇擁堅定的意志之外，他還需要以實際行動表示，他可以在未來忍受一切白手起家的辛勞，以及拙劣的挫敗，進一步奠立向上能力，以期彌補這個讓窮寒糾纏不清的缺憾現象，進而用實力出人頭地。

# 礦工的兒子游禮海

出生頭寮的游禮海，母親生育五個小孩，他排行第四，上有二姊一兄，下有一弟，在生計貧困的家庭成長，三餐猶難熬度，迫使貧寒困窘。

父親原為礦工，長期承受地底礦坑工作的辛勞，使人有不見天日，不知前途何在的喟嘆，日日期盼轉行；然，日治時期的臺灣，大量採掘煤礦發展工業，加上修築鐵路，商務船舶來往頻繁，煤礦需求量激增，煤礦業遂成為日益發達的行業。位於大溪舊百吉隧道一帶開採的煤礦，礦藏雖不比瑞芳、九份或新竹關西來得豐富，較具規模的採掘時間，約在大清光緒末年。

那一車一車穿越崎嶇山路運行的礦石，是礦產業者運送不完的財富，可

舊百吉隧道一帶曾是煤礦區

是父親卻認為，那些煤礦、石礦是礦工沉重的包袱，一種恐將使人失去求生能力的阻礙，為了養兒育女，他只能隱忍與默然無言承受，不去想，心裡才會好受。

這些話代表什麼意思？對於年幼無知的游禮海來說，和父親相處時間不長，對他的認識有限，他根本難能理解父親經常耳提面命的所有評言，莫非當個在地底工作、收入又不豐厚的礦工，確實關係到游家生存命脈和未來生路的警訊，一種隱藏游家上上下下必須為了活下去而做困獸之鬥的重重折磨？

真是這樣嗎？

無力頑抗的結果，後來，為了安頓已經敗壞的身體可以獲得充分休息，游禮海的父親轉而選擇前往頭寮輕便車站服務，擔任站長一職。但好景不常，父親因長期在礦坑工作而罹患塵肺症，久治難癒，沒過多少時間即不幸往生他界，當時的游禮海年僅十二歲又半年，面對突如其來的家變，一種被

舊百吉隧道是早期大溪往來角板山的必經之路

舊百吉隧道的輕便軌道

經過整修完成的隧道通路

陰霾的憂傷氣氛籠罩的際遇，好似到了回天無力的地步，他和家人只能學習忍受傷悲，以沉痛心情面對未知的明天，以及難以想像的未來。

父親病重時曾做肺部檢查，但實際身體已然被病痛折磨到瘦骨嶙峋，快不成人樣，直到生命最後一刻，至少，未曾聽他怨嘆過幾聲，或抱怨那個即將結束統治的日治時代貧困的頭寮小村落，也從未埋怨他為那個時代，那個鄰近三民四號橋一帶的老礦場，付出的青春年華，以及健康。

後來，父親如一枚衰頹的葉片從生命這棵大樹墜落下來，最終回到泥土。他的墜落方式採取民間最草根的傳統習俗，也即是說，連忌中大事都靜悄不去驚動更多村里熟人。

事實正是這樣，時代的巨輪轉得越來越快，快到不想讓人記住時空發展中那些失落者、失意者，以及即將消失的親人，無盡蒼涼的背影。

父親去世後，對游家來說，慘無好日，如鞭創裂膚，如飢火煎心，窮困的現實情況，開始以惡劣的老練之姿直逼過來，那窮酸之魔是幾千年的惡魔？貧困之怪是幾千年的妖怪？竟無所畏懼而妄自炫赫的踏進他的家庭，矢盡兵窮的慘狀，使少年時代的游禮海，陷入困苦倍蓰而無算的寒傖之中，心裡不免抹上一絲小小的、灰色的思想。

有時又會沮喪的聯想，這個世界到底會不會拒絕他和家人，他想到所有從幼年時代立下的宏願，一旦面臨現實考驗，覺到自己忽然間懦弱起來，像是一切沒了希望一般的懷疑起世界是不是真要把游家惡狠狠拒於門外。

他抬不起頭來，感覺腦海空白，一片虛無，當面對陰翳天空，面對無情生死，面對冷冷家忌，內心忍不住呼喊，為什麼？為什麼？昊蒼無言，他的臉頰珠淚滾滾，滑出一道淚水傷痕！

會不會想過頭了？會不會是被日頭曬昏了？他想起父親景命不繼，大漸彌留之際的某夜，被母親哀戚的哭泣聲喚醒的心寒痛楚，那一夜，心痛遺後，他立下志願，一定要快快賺錢協助家計。

儘管如此，他仍當這種稚拙想法是一種悲壯的蒼涼之美，誰知道將來會變成什麼樣？誰知道未來的出路會是如何？有沒有適合他喜歡的路可走？

年少時期的人，尤其遭逢家變的游禮海，是不是也會經常發出這樣喟嘆

游禮海的父親曾在輕便車站擔任站長

百吉林蔭步道

感觸的聲音？

他喜歡的大溪山林田園好似就快看不到了，在陽光照耀下輝映金色光澤的水稻田，那無以倫比的美麗畫景好似要與他訣別一樣，使人心痛不已。這對從小生活在田園，愛上綠野、愛上美、愛上變化無窮的大自然的游禮海來說，開始跟人生產生難以言喻的孤獨無助。

那段日子，太陽依舊從頭寮山頂昇起，又一路踉踉蹌蹌落大漢溪，形居塵俗，棲心天外，料想霓虹世界的林林總總，有哪一些能跟這一片鄉間的美麗大地比擬？

這是游家的故鄉，父親的頭寮，游禮海的家園，大溪小鎮的五月豔陽天，即使天空一無煙雲，可到了下午時刻，東南方臨近的大漢溪流域，易於生成大片霧濛濛的煙嵐，高高低低環繞崁津丘陵，不時以迴流方式向鎮上這頭侵襲而來，彷彿海浪直撲灘頭那樣的使大溪小鎮，瞬間籠罩在雲霧飄渺的陰晴不定中。

可以這樣說，頭寮山林的每一種植物，大到一棵樹，小到隨地生長的雜草、野花，都是他熟悉的世界。

沒有在山頂欣賞過風景，怎知天地之美？沒有苦過，豈知辛勤的重要？

那是一幀最自然的畫像，有如一座迷離色調的屏風，矗立大漢溪畔。而這種景象正是游禮海喜歡的風景，也是促成他後來用心良苦走進技藝艱難的山水景觀木雕的主要靈感來源。

## 即知即行的放牧打零工生涯

從小即被父母要求必須學習獨立的游禮海，自父親離去後，游家財產僅剩五塊日圓，家計頓失依靠，母親獨力扶養五個小孩，備嘗艱困；雖則大哥人在外地當少年工，零零星星賺取菲薄家用，仍無法填補日常開銷，身居老四的游禮海遂於內柵國校畢業後，家境無法供應他繼續升學的狀態，開始思索工作和賺錢對安頓家計的急迫性，並且有意無意的削減個人憧憬的美學藝術課題，全心放在協助母親料理繁瑣生活的事務，一心一意朝怎樣賺錢養家的想法前進。

沒錢拚，沒爹拚，要想找一個既像樣又適宜的工作，在混沌的當代社會，很難！

頭寮竹林

少年十五二十時的游禮海，專心一意想著如何幫忙扛起家計重擔。十三歲起，每天早出晚歸幫鄰人放牧看牛取得少許零用金，在曠野中放牧的工作，的確無聊透頂，可充滿學問；由於長時間在烈日下曝曬，身體看來健壯許多，皮膚相對彰顯出健康古銅色，跟牛隻也培養出深厚情誼。

然而，替人牧牛對家計幫助有限，辛苦一年的進帳，約莫只能換取六小包米，而且常遭受同儕白眼欺凌，為了解脫這款運命，為了增加收入改善家庭生活，他的內心不斷吶喊：「啊！天趕快亮起來吧，不要一直停留在暗夜中。」

他開始學習與人交往，在受氣忍辱的過程，暗下志向，非得超越別人不可。

十四歲少年，抱持「持之以恆，即知即行」的信念，游禮海兼職做起診所配藥助理員、汽車維修工等微薄收入的雜差，及至後來到李邦清茶廳當看守發動機的臨時工。

前往茶廠當少年苦工，著實辛勞，他必須強忍年少肉體，在熱氣昇騰的發動機旁，讓汗水淋漓竄流。那散發汗水滴落的體味，交織在茶廠綠葉香氣中，反而飄送一股濃濃的勞動氣息，像是從土地昇起熱氣的生命滋味，教人不免悸動。

他不得不然的接受這種具有自覺性的工作。

站在充滿茶香、煤炭味相互交織的茶廠，雖然心如止水，默默承受新湧乍現的工作問題，但機械滾動聲使他易於頭疼，常患頭風，苦不堪言。

這會是興味索然的人生事嗎？

有時，他索性跑到茶園，望著亮晃晃的夏日晴空，感受自己像是身處在無從選擇的矛盾之中，他能否從打零工的體驗，選擇一條適合未來可行的路？總之，在他年少單純的想法裡，總希望自己有多少能耐就盡多少本分，有多少能力就做多少事，這不就是「學如逆水行舟，不進則退」嗎？

漫步在茶園小徑，夕陽餘暉照射在茶園對山的林木間，天際飄浮幾片

頭寮水田

游禮海牧牛的荒野地

一片荒蕪的荒草野地

疏落薄雲，那薄雲投影到茶園，使真實的茶樹顯現出一種前所未有的溫良柔美，好似一幅深淺皆宜的水墨畫，給人心情開闊的無限感動，這時，心神忽然燃起「不要怕失去，不要怕不熱鬧」的烈火，這些話好像人生投影，不斷告訴他，用適合自己喜歡的方式去做，就對了。

然而，不是每個人都願意投身付出勞力的茶廠工作，礦工人家出身的游禮海，原本擁有令人欣羨的快意少年青春，為了成就一個男孩持家養家的責任，他毅然放逐自己從事異常辛勞的茶廠作業，沒有身段放得下放不下的問題，一旦走進茶廠勞力場域，為機械滴油加油，保護機能，有時還會神來一筆做起改裝機械功能的任務；果然是學習力超強的少年。

實則，莫說是他先天具有出人意表的藝術家氣質，使人感覺他外表模樣看來像個柔弱書生文人，恐怕無力持續在艱困的茶廠工作一個上午、一整天，甚或一整個星期。

可是他做到了，他用具體行動證實自己也有勤奮的一面，這跟平日抱持的志向完全吻合。

或許茶廠工作壓根兒不像外人想像的那麼簡單，他會私下觀察採茶、曬茶、撿茶、揉茶、製茶，以及配送的艱辛過程，想見神奇的大自然給予人類滋養生命的偉大奉獻，他在綠意盎然的茶樹和茶香裡印證「心靈是富有的」，這些觀察一直是他存放心中，難以改弦易轍的生存哲理。

可是，了解生存哲理是一回事，會不會餓肚子又是一回事，茶廠打工的工資不高，擺在眼前的事實，是他應該如何利用在茶廠工作的時間，同時整備磨練身心。

他非得這樣做不可。畢竟他只是一個出生鄉下，成長在農村的小孩。

有時他會感覺到拿在手中還未晾曬的茶樹綠葉，是精巧的藝術品；有時又感覺那些經過巧手製作出來，捲成小圓狀的茶葉，簡直就是不可思議的怪物，熱水沖泡之後，茶香茶色一股撲人鼻息、香氣四溢；喜歡美好事物的游禮海認為飄浮在杯中幾片茶葉的美姿，看來更易於使人產生心曠神怡的心靜

頭寮山下的頭寮大池

游禮海打零工都要從頭寮走兩個鐘頭的路前往

感動。

或許這只是一線之隔的說詞，是每個人對美的不同觀感罷了。

夾雜在悶熱廠房所淌落的淋漓汗水，他可以從這簡單的體悟中，發覺綠葉上浸透出明亮水珠的光澤，所滲出的朦朧美景，加上想起茶園上空偶來雲霧掀起的神祕感動，在在使他難以忘懷。

想到綠光，想到山林，他的工作態度越加勤勉起來。

## 礦場少年工的繆思

茶廠工作之餘，隱約浮現他思維裡，未來前景的輪廓，就像是低矮的茶樹叢那樣，充滿難以思量的浪漫情懷，他想像有朝一日也能藉由自己的創造力，賺取更多財富，不論藝術性的工作，或是商業性的工作，他將聯結內在不斷爆發的衝刺力，期望日後能一一實現。

彼時，在茶廠當少年工，工資不高，反而是在礦場當班可領日薪，對貧寒家庭來說，這種誘因極大，游禮海的母親期盼他能追隨父親，前往礦坑工作。

問題是，一方面顧及父親當礦工罹患塵肺症離開人世的悽慘家庭經濟負

游禮海曾在礦場擔任記牌員

他嚮往加入念茲在茲的木器業，學作木工。

擔，另則，深刻體悟到唯有身懷一技之長才是最好的謀生之道，游禮海開始嚮往加入念茲在茲的木器業，學作木工；那是他從小看著叔公雕刻木頭長大的興趣呀！但，彆彆扭扭、結結巴巴的一番說詞，讓人難能理解他內心真正的想法，母親絮叨說他，當木工學徒要則三年半載才能出師，且學藝期間不支薪，生活如何過下？前途是否堪慮？

見過無數世面的人，她起初堅持不妥不宜，再來，經過一段不算短時間的磨合，一次兩次，再溝通，不斷抗爭，後來經由再三商議懇談，他終究應允母親先到礦場工作一年，之後，再伺機投身進入木工家具業的學徒行列。十五歲，他進入礦場做起少年礦工。

這是生平第一次流露出絕望中蘊含希望的神情，恰巧和母親倔強、保守，卻不失溫柔的眼神相互映照。不言而喻的眼神交會，讓他備覺感慨。

在本該持續自由發展興趣與喜好的年紀，卻突然無法立即實現理想，好似全世界都變了，他脫離原先的運行軌道，僅能被動朝另一個陌生未明的方

大溪木藝師的木作

大溪木藝師的木作

大溪木藝師的木作

向運行。

之後，他進到煤礦場擔任短期記牌員，負責發送礦車出入礦坑的證明牌；大清早從頭寮住家出門到礦場，單趟走路就得耗時兩個鐘頭，無比辛苦。

零散打工的經驗，雖然忙碌不堪，多少也算是善盡人子之責，但短暫的打工經驗不會有學歷證明書可拿，更不能證實他的未來必定充滿大有可為的前景。身為礦工後裔，沒任何人事背景，毫無家業繼承，他一心只想如何穩健踏上未來之路，左思右想，領略活在現實社會，仍須擁有某項技藝才華，才得以坦坦泰然生存。

# 大溪木藝盛名天下

# 日治時期的大溪木器業

日治時期，大溪木器家具業發展興旺，想要學做木工的人為數不少；其淵源溯自一八一八年大清帝國嘉慶年間，福建漳州府龍溪縣林平侯舉家遷居大科崁說起。

發跡板橋的臺灣五大家族之一的林家，先祖林應寅於一七八四年大清乾隆年間，率長子林平侯渡海來臺，落腳臺北新莊，林平侯經營米業、鹽業生意，家業原已興盛昌隆，林爽文事件發生後，物價暴漲因而糶米致富，成為臺灣少數富豪鉅子。林平侯藉此捐官捐得同知一職，分發入仕廣西，歷任潯洲、桂林，因政績頗佳，升任南寧與柳州知府。直到一八一八年辭官返鄉，專心經商營利，是時，新莊泉州人的聲勢越發浩盛，又逢臺北盆地發生激烈

大溪是臺灣木器業重鎮

的「頂下郊拚」械鬥，林平侯家族不敵，遂從新莊一帶沿大漢溪攜家帶眷大舉遷移桃園大溪。

林家仗勢財力雄厚，在大溪鎮大興水利、開路設寨，移民紛紜雜沓跟隨湧至，家族擁有田產足足超過五千甲，成為臺灣最大地主，進一步帶動大溪米業、茶業、樟腦業和木業發展，同時讓從新莊遷居過來的漳州籍木工石匠，在現今中央路、中正路和和平路之間，大溪國小和綜合運動場一帶，與築外圍擁有堅固石牆，占地四甲的「通議第」，從此，街廓不斷向東南發展成街區，漸次形成如今依舊繁華的百年「大溪老街」。

大批從新莊地區絡繹不絕遷移過來的木匠藝師，後來在大溪落地生根，傳徒授藝，恰逢臺灣巡撫劉銘傳在大溪設置北路磺腦專賣局，因而商賈雲集，水路交通便利的大溪越加繁榮起來，加上唐山匠師陸續移民臺灣，前來木業隆盛發達的大溪定居，促使木器家具成為大溪重要產業，由是，大溪是臺灣「唐木家具重鎮」的名聲不脛而走，傳遍天下；「木器第一」更是名傳

大溪木藝博物館典藏大溪木器發展史

大溪木藝博物館壹號館

大溪木藝博物館武德殿館

大溪木藝博物館壹號館

興旺的大溪木器家具業

各地。

然，一八五三年後的四、五年間，基於林家長期對佃農中的泉州人有差別待遇之嫌，引發泉州人不滿，轉而強烈抗爭，並向竹塹地區的關西人求援，關西客家人與平埔族人適時給予大力聲援，轉進桃園協助大溪泉州人，林家不敵，自此勢力衰頹，隨後逐漸撤離大溪，遷往板橋。

人去樓空的林家大厝，於一八九八年因大溪居民反抗日軍治臺，慘遭轟炸損毀，如今僅留一座二層樓高的祖墳，以及一塊紀念碑石，屹立街衖。不言可喻，林家大族這一段移民大溪，來去匆匆的史實，確實為大溪的昌榮帶來不少影響。尤其林木業的發展更能見諸特色，形成許多想學做木工木器的人，一時薰灼無比的薈集大溪。

然而，欲意踏進木器製作行業，也不是心想入行就能隨意進出，在僧多粥少的激烈競爭下，師傅招收徒弟都要看過學校課業成績，評估報名學徒的品行如何再行打算。由於有意從事木工木器製作的人多，使得這個行業忽然熱門起來，大溪在地任何一間木器行招收學徒額滿，通常不再續收，讓不少嚮往學藝，無懼路途遙遠的年輕人大失所望。無福得見大溪木器業繁榮昌盛的世面，不得不轉行另謀他就！

大溪到處木器行

## 成為木工藝師黃全的入門弟子

大溪木器業鼎盛發展時期，雜差做了三年，已然長成相貌堂堂、才藝出眾，正值青春十六歲的游禮海，有感於四處打零工非長久之計，加之深受「一技在身身萬金」這句話的影響，他立下學藝志向，決定進入當時頗具熱門的木器業，找到盛名遠播的木器業藝師黃全，祈求拜師學習木器家具製作的技藝，但僅有國校畢業學歷的游禮海，條件顯然不符常規，最後請託黃全藝師的大顧客李德興擔保，始得登堂入室，踏進黃家成為木工技藝殿堂的少數入門弟子。

起先，黃全師傅感到這個年輕傢伙，既沒有高等學歷和最起碼的經歷，偏又是重要顧客介紹來的人，得罪不起，只能勉強接收；收入門下之後，經

大溪木藝博物館展出木器業工具

常用難堪言語或動作刻意刁難，想盡辦法逼他離開。

看在眼裡，痛在心裡，可為了學藝，當面對任何未盡公平的待遇，游禮海也只能把所有苦水暗自吞忍下去，收拾起齟齬怨尤，專致於學習之中。

學徒生涯第一年，黃全藝師考驗他作工能耐的步驟，大都讓他先做一些無關緊要的雜役，每天清晨六點半起床，清掃環境、種菜澆水、抬木、鋸木到晚上七點，再學習一些簡單的細木作。

一心嚮往製作木器家具的游禮海，只能按捺脾氣，忍辱求全，認真修行，終焉不負苦心，僅僅花費五個月時間便練就成刨木、鋸木的巧手工夫，再來即是接受專業訓練，協助製作高難度的靠背扇椅等傳統木藝技能。

確如神乎其技，在龍門刨床上練習刨木不出三個月，就連比他早進黃全門下的順枝師傅都讚佩他的學習力「孺子可教」，他記得這句話：「你不認真，機會就是我的。」總算沒讓意圖逼退他的黃全師傅失望。

明代范濂《雲間據目抄》卷五記載：「細木家伙如書桌禪椅之類，余少年曾不一見，民間止用銀杏金漆方棹。自莫廷韓與顧、宋兩公子，用細木數件，亦從吳門購之。隆萬以來，雖奴隸快甲之家，皆用細器。而徽之小木匠，爭列肆於郡治中，即嫁妝雜器俱屬之。紈絝豪奢又以椐木不足貴，凡床櫥几桌皆用花梨、癭木、烏木、相思木與黃楊木，極其貴巧，動費萬錢，亦俗之一靡也。尤可怪者，如皂快（衙役）偶得居止，即整一小憩，以木板裝鋪，庭蓄瓮魚雜卉，內列細棹拂塵，號稱書房，竟不知皂快所讀何書也。」游禮海初期接觸的「細木作」即是這段古籍文字所敘述的「細木」、「木作」家具。

木作一般分為四大類，分別是：大木作、小木作、細木作，以及木雕。若依空間功能與實用性分野，具體成品如傳統廳堂陳設的供桌、太師椅、神明龕、公媽龕、花臺桌、半邊桌等；如書房陳設的書桌、太師椅、貴妃椅、書櫃、毛筆架等；如臥房陳設的紅眠床、羅漢床、姑娘床、公婆椅、梳妝

木藝模型

游禮海一心嚮往木器家具業

木藝博物館展出大溪木器業發展

木器製造的至高技能——木雕藝術

臺、臉盆架、衣櫃等，形成不同空間應用與使用的各類木器家具，必須蘊含地方特色，以及民俗色彩，並充分反映民間生活經驗及智慧。

細木作家具的製作十分講究精密的榫卯結合技術，這是匠師們巧思妙手的傑作，因此，凡執藝事成器物以利用的工夫，都需要依靠長時間練就而成的技藝、精良的作工，匠心獨具的豐富內涵，一刀一鑿打造出常民文化的特質。

木匠和木藝師的意志就是從這樣嚴苛考驗中鍛鍊出來的，游禮海的學徒生涯不被允許抱怨訴苦，不能半途廢弛；學習細木作技藝、手藝的過程，不向環境低頭，僅能絕處求生，要求自己不可以有任何絲毫馬虎的態度和作為，否則枉費母親殷殷期盼的一片苦心。

學徒生涯怎能不苦，無法吃苦便當不成弟子，領悟力尚且不錯的青年游禮海，告訴自己，不怕艱難，不許失敗，越困難越要做好，訓心持志、刻苦自勵，要培養己身做到「金剛不壞之身，八風吹不動」的境地。

# 覆被點燈閱讀的學徒生涯

學藝過程，鑑於自己學歷不高，識字不多，學識不足，遂於夏天收工較晚的黃昏之後，執意前往鄰近私塾念讀漢文、學寫漢字，直到深更半夜回到寢室仍須抽空閱讀《千字文》、《三字經》、《古文觀止》、《三國演義》、《論語》等古籍。逢迎青春年歲才得以重拾書冊，苦讀苦修增進見識，竟成為游禮海學徒生涯期間最大樂趣。

除了閱讀古籍，為領悟木器結構的繪圖藝術與視覺美感，他趁便自修學習設計圖的繪製，立志苦學。某年天冷，游禮海鑽進宿舍被窩，覆被點燈閱讀，竟然讀到無知無覺的睡著，醒時竟發現整條棉被讓燈泡燒燙了大半塊，

游禮海學藝過程艱辛

學木工就如學習十八般武藝

木頭和木塊與游禮海成為生命共同體

險些釀造火災，差點遭打逐出師門。還好，經由師兄弟協助，他私下花錢重新改造棉被，煥然一新；這事看在黃全師傅眼裡，料想他必是明理人，一定感同身受游禮海求知心切的一番苦心，也就睜眼閉眼不以為意了。

誠然，自從父親辭世後，賺錢養家已成為游家跟外界的最大障礙，也因為很長一段歲月，這個家庭陷困在極度貧寒之中；度日過活樣樣要錢，彷彿除了必須賺錢之外，人生便不再需要擁有任何東西那樣，就連最起碼對未來的願景想望都被排除在工作之外；也就是說，為了賺錢貼補家用，游禮海已不去在乎只有國校畢業的學歷，他誠心立願，非得從自修自學中，專心在木器學徒領域勇闖一片天地。

人生哪！毋需在乎學歷高不高，不必在乎人言閒語出身低微，人前說的比紙上寫的更易攪亂人心，影響志向。人前說的既有表情、有動作；嘴上說的，所有喜怒哀樂、呲牙裂嘴的百態，全寫在臉上，使人生厭。喜怒哀樂的表情和呲牙裂嘴的惡行惡狀也是一種人情世故啊！他何須在意，就當作是社

因為夜讀，游禮海差些遭逐出師門。

苦讀苦學的游禮海的木藝工作坊

會現象，人性學習。由此，那些關於自卑、鑽營或毫無安全感的弱勢力，自然會往下掉落、消逝無蹤。

這不會只是一個單純的青年人的夢幻，學藝過程，他存心毫不留情的把自己放置到可變世界的染缸裡，再用他那種「我必須堅定比同年齡的人更加刻苦耐勞的意志」的心念，才能早一步朝涉足夢想，實踐理想的方向前進。

苦讀苦學，游禮海就這樣在黃全藝師門下辛勤努力，學有成就，舉凡木工最起碼的十八般武藝，逐步一一上手，進而巧用靈活技藝點石成金，如轉身之易的完成藝師交付任何木器製作的任務。這一小小起步，正是讓游禮海從此登上木器製作與木藝雕刻，非同凡響的起點。

## 把個人情感灌注在「有生命」的木頭上

家境清寒，成就了心智早熟的青年游禮海，為了家計生活，甘心順從跟隨黃全學習木器製作，這個階段，正是國民黨政府大舉遷移來臺，時局最為混亂的一年。

時局動盪不安，社會情勢不明，他卻敢於面對人生最初的生命勇氣，為了賺取家用，一方面必須執著認真學藝，加上師傅黃全管教弟子十分嚴厲，相對阻撓了他跟外界的接觸，但，也就是在這種嚴格復嚴厲的管教下，促成他得心應手的和「木頭」互動更深，加諸遇上挫折絕不退怯的毅力，他把個人情感全神貫注在「有生命」的木頭和木塊之間，放情來往，讓人與木頭交流出無限深厚的情誼；對他來說，鎮日與木頭相處，感動或許只是一種奢

大溪保存不少日治時期遺留下來的木造屋

師傅黃全管教弟子學習木器製作十分嚴厲

望，但他始終盡情盡性把跟木頭這層被外人認為冷然、毫無感覺的關係，用熱忱敲琢美感，使木頭不再是人們用來形容愚蠢或不靈活的人，那樣無知無覺或無感的東西。

翩然游禮海，不用幻想面對憧憬，任憑現實無情，他一樣默默承擔起作為一個有所為的男人，該遵行的人生法則，就像宇宙間的太陽一樣，男人生命的勇氣被當成人生事業中，最重要的光明象徵，也唯有朝這個方向啟錨航行，他才能清楚看見自己。

直到後來，他與木頭、木器的關係，緊緊相連相繫在一起，兩兩相遇，氣味相投，尤其通合一氣。這種意想不到，與冷漠的木頭發生不可分割的關係，就連他自己也不得不訕笑人生奇妙。

對，倘若想極力掙脫掉與冷漠的木頭糾結，並不表示能與所有貧窮斬斷血脈關係，誠然，因為家庭的現實景況，加以與生俱來知運知命的性情，使他在默默學習的等待中，費盡心力，歷經辛苦，讓自己的心徹頭徹尾掙脫掉這種走樣的現實人生，然後抵達可親可愛的木器世界，用他堅持對木頭的情意與愛，我行我素活下去。

一定有人會這樣說他，像他這樣生長得乾淨伶俐的十六歲青年，無端跑去當木工學徒，只會敲敲打打，釘釘錘錘，不懂現實的可怕，將來豈能會有大好前程？

這是俗人、凡人的思維邏輯吧！

「花在花叢中，水在水裡面，人必須在勞動裡啊！」至少，對生命價值來說，他是這麼認為。

不難推想出人們對現實主義懷抱的主宰意識，總喜歡以職業階級分化和掌控他人的意識，然，這些無意義的說辭，根本折騰不掉游禮海一心一意想從媚俗的現實主義逃脫的決心，他想到學得一技在身，日後才能養活一家人，執著是必然的結果，加之對人分階級、問學歷、用錢多錢少來作為人際分野，像這種現實主義掛帥的社會現象，在他年少的心靈已然深自嫌惡，無

他把個人情感全神貫注在「有生命」的木頭和木塊之間

神佛雕像是大溪木器業的重點之一

比齟齬。

他開始想像，若能早日學成出師，活脫也算是幸福。自十六歲起，投身木工行列，學習繪製設計圖，進而累積深厚的美學基礎，他發現這跟從小居住鄉間，時刻擁抱大自然，油然產生的獨到美感和觀點，有著莫大牽絆。由於執意拿木頭當生命者看待，敬重天地，珍惜大自然，因而產生了木頭也是有溫度、有生命的道德哲學的理想境界。

三年又好幾個月拜師學藝生涯，想來很長，如果他和他的家人能在他學有所成之後，快快脫離清寒，住此清平之所，也許實質生活就不再如此寒酸。他始終相信，學習技藝過程，黃全師傅傳授給他的技能，讓他的內心比起任何人、任何時候都富有許多。

## 技藝精進，晉升為木工師傅

雖然不具備響噹噹的學歷，甚至企業家後裔的背景，尤其父親去世後留給游家沉重的生計負荷，他仍時刻惦記父親用那看似無情的現實語言告誡他的話：「一切都要靠自己。」這句話雖則聽來殘酷，卻很真實。

偶爾想起惡劣的環境使他無法繼續升學，或許未必見得是件壞事，當整個家庭的興衰與否必須依存在紛擾困頓的時局裡，他卻別有獨到而明快的想法，那就是，工作賺錢吧！游禮海表面上並不是個喜歡標新立異的人，他勇於面對命運、面對現實，意味這個充滿藝術家性情的青年，他那張對生命感到疑惑和不解都不置一辭的臉，讓他的工作效率看來更加充滿堅毅自信，恍然從幽暗的深谷底活了過來。不僅如此，少年時期那個最初的自我況味，那種勇於用具體行為，表明世界不會輕易拒絕他的態度，正真實的反應出這個社會大大方方張開雙臂，以歡欣之姿迎接這個青年加入紛擾的人際圈。

因為，在混沌的人際世界，他的內心依然堅持些許青澀「人性美」的光澤。這也正是長期生活在大溪，受到大自然啟發的美感意象，給予他正向思考的特性。他謹記「賜子千金，不如教子一藝」的明訓，所以執著於誠懇而認真的做人處事。

心懷勇氣的人，不都是常有這種意氣風發的念頭嗎？他喜歡藉由自己的思維與力量，創造出獨具格調的作品。

他的木作工法與其說是向前輩借鑒，向大自然取法，不如說是在師傅教導下，用獨特的「閉門造車」自我創造的結果。他在閉門造車的過程中，想怎麼造就如何造，願意怎麼造就那麼造，和黃全師傅告誡指導的一樣，他的木作技能風格自然形成了後來令人嘆為觀止的絕妙工夫。

大溪家具著重雕琢

難解世情的少年期、青年期，他適得其時的擁有可以不畏懼失敗或失誤的理由，更且不需要為拒絕人生而斷絕自己的成長。

處事作風或許不需特立獨行，這儼然跟他習慣孤獨的性格不相悖逆，可他十分清楚自己到底喜歡什麼？想做什麼？即使連母親都難以理解為什麼他非要踏進木工這條賺不了大錢的路；果然，他依舊堅持純粹的木藝興致，只為保有那一點點自小以來始終堅守的，美的信仰。

他總感覺自己內心某個角落，深藏一份比別人強勢的創造欲望，如果說這份屬於信仰生命的創造欲望是來自大溪山林給予的珍寶經驗也不為過，可他寧願相信，那是因為從他少年懂事伊始，有座和他一樣知心相惜的大自然山林，一起生活、成長，才愈加顯得彌足珍貴。

成年之後，承受無盡艱辛苦難，他自然明白，愛不愛一座山或一條河，是和那座山、那條河到底什麼樣的，應該關係不大。像游禮海之於大溪，大溪有一條壯闊的河流，有幾座高山，它們給了這位藝術家無限寬闊的生命與創作信念，想想，還有什麼能超越他對求知欲望更高尚的恩典，那種具有敬意的生命姿態？

他在大溪鄉間生活的深層感情，就像亂世中陷在槍林彈雨中，相互扶持的戀人一般，充滿異色調的真性情，那種來自真性情底層的相知相惜，使他年少的感情，得以有一種如獲純粹愉悅的感動，他讓那份感動烙印心中，成為創造欲望的主要動力。

他喜歡大自然不自私的良善與可以膩在一起的喜悅，那種愛戀式的喜悅，恰恰成為可以衷心等待真善美的創意出現眼前，轉化黑暗心情成為光明象徵的某種真快樂。

說不上為何如此貪戀與山林生活在一起，那種無憂無慮的真性快樂，彷彿是任由自己釋放真性情的最佳時刻。

有時不免嘲弄自己，那些純情意象，彷彿正跟大自然談著一場等待意識

早年庶民使用的木器家具

木藝館展出藝術木桌椅

強烈的戀愛一般。

人和天地如何愛戀？

這不會是童話世界，一種純美得讓人幾乎窒息，讓人無法想像他對木頭真誠的愛，是真是假？是迫於現實或無奈？

可以這樣說，那應該是自小在貧困家庭生活，備受精神磨練，飽嘗金錢困擾的人生態度，所延伸的冷僻心情，引發心靈寄託的一種單純情傷意識的表現吧！

他得意於有個可以不時在一起談心解悶，知心的天和地，能陪他度過矜誇現實主義的意識，以及人情冷暖的慘澹生活。

若說這種童稚時期的單純算是一種對意識的愛戀，不就是寒蟬歲月裡，真情相依的兩條純淨靈魂，深層的感動嗎！而這些關乎大自然的生命意識，正是啟動游禮海從木工、木器走向木藝世界的重要元素！

學藝期間，追隨黃全師傅學習木工技能，由於技藝精進，通過重重考

木屋木窗的製造著重實用、安全與美觀。

驗，他立志苦學的堅忍意志與忠厚樸實的個性，終得嚴師激賞，遴獲成為得意門生。這時，游禮海已然可以踏踏實實確立自己的人生志向，且以別人需要超過三年以上研磨才能出師的條件，僅三年光陰，就在十九歲時，提早出師，晉升為木工師傅。

# 臺北的西洋家具學習之旅

## 進出臺北，學習中西合璧的木器手藝

出師後的游禮海，在木工廠協助黃全師傅工作一年，以為回報；一年後，這個心智早熟，正值二十歲的年輕人，因應時勢所趨，試圖擺脫對家具製作業既有的印象，決意離開淳樸的大溪，前往臺北尋求現代化新型態木器的可能發展，便以啟發這個行業中西合璧，不拘一格的美學思維，同時學習獨立謀生過日子。

是的，每個年輕人都需要學習獨立，一切都必須仰賴靈敏的思辨解決，就算才藝的來源，財富的來源都一樣。

個性憨厚樸實的游禮海，為了實現木器手藝能更上層樓發展，誓言不

游禮海當了短暫四個月的兵役

生性樂天知命的游禮海

能拘泥於木工敲打製作木櫃、木椅、木桌這些基本工的格局，他必須透過創新，藉由勤奮向學，不時接觸古典文學、佛學和藝術書籍，去蕪存菁研讀，這種勤學態度，後來果然成就他作品中一派雍容大度的恢宏氣勢。

面臨二十歲的一九五〇年代，臺灣適值民心不安，社會氣氛詭譎，經濟建設方興未艾之際，他帶著滿腔熱忱與少許積蓄，徵得師傅與家人同意，隻身前往臺北桂林路一間木工家具行工作，他懷抱追求製作美好家具的殷切態度，以及充滿創意智慧的想法進入新工作場域。

令人意想不到的是，他擅長人性哲思的心境，以及胸襟大方且開朗的性情，加上即使遭受失敗也不會垂頭喪氣的意志，甚而為追求美學奔波不懈的超樂天主義，使他在進入陌生領域不久，很快便進入狀況。

他對喜歡的工作，學習力超強，適應力也夠。

如同一趟驚奇的冒險之旅，他必須為進修與學習並行的夢想，付出絕對

游禮海在臺北桂林路學藝

游禮海在臺北鄭州路學藝的馬路已成高架市民大道

勇氣，然後逐步實現。這會是象徵生命面臨險境的另一場意外之旅嗎？

他動心起念以虔誠勇氣，面對前往臺北未可預知的奇妙情境。

喜歡大自然的游禮海似乎轉換成另一個人了，離開大溪到臺北生活，接觸現實環境後，僅用孤獨的心碰觸這個流光溢彩的霓虹世界，種種奇異現象，他要用書本裡讀過的智慧，會見天下。

人在異地他鄉，尤其像臺北這種高消費，充滿人性陷阱的現實國度，對原本收入即不豐渥，存款又不多的人來說，可想而知，生活負擔壓力自然沉重，但天生樂觀如他，未因攜帶到臺北生活的旅費多寡感到憂心，能前往象徵流行文化風向球的臺北，待在新環境學習，或是散步走在中山北路清幽的林蔭下，整個人的心情便清朗起來。

唯一的差別是該如何為夢想開創方向，這才是最要命的辛苦。俄國文豪杜斯妥也夫斯基說：「你我之間的差別在於我有想像，可你只有現實。這就是你不能發展的原因。」啟程後的新局面，唯有向前走往前看才是，他無意把可能臆想到的困難預先擺在眼前。

臆想根本是影子，這影子也許只是想像的外衣，隨它飛舞，他仍舊以低調的忍耐性格叩問離鄉背井究竟是殘酷還是悲劇？

怕難怕苦，他就不會去了。

## 他的生命字典，沒有悲觀這兩個字

他的個性是，縱使身上僅有一毛錢，因為過去困苦過，艱難過，所以表現樂觀，這是天生的，也正由於身上還有一毛錢，根本不必恐慌，他沒有嚴重的得失心，甚至對臺北生活的未來，抱持光明的開朗想法。

是的，游禮海北上謀職的一九五三年，臺灣如火如荼推行耕者有其田政策，時任臺北市長為無黨籍的吳三連，是臺灣發展地方自治的開端。游禮海處在這個時機北上工作，就在人生地疏，舉目無親的臺北敢於大步向前衝刺。

當面臨日子清苦，偶爾喪失樂觀因子，或者當身上沒錢，心情迷惘的午后，他會自得其樂的出外散心，他善於處理放心與放下的修為，這些都使他天性樂觀的能量淋漓盡致的發揮，讓他積極潛進到舊時舊地的回憶，然後激起一絲新希望。

他總是用過度樂天的性情克服困難，以期讓自己脫離消極情懷。他的生命字典，沒有悲觀這兩個字。

悲觀和樂觀只是一線之隔的想法，卻能改變一個人是否邁開腳步向前行的兩種面貌。

他毅然選擇平靜的樂觀。

混世年代的臺北都會，意圖保有最基本的平和心境，談何容易；走在馬路上擔憂遭劫；薪資太少，無法支付生活開銷……。活著的日子，令人感受無盡艱辛。

現代人的確很難用快樂看待生活，人們臉上所能見到的盡是無奈、不堪與痛楚。

當代年輕人流行到照相館拍照留影紀念

年輕時代的游禮海

不問可知，生活壓力使人的身命多厄窮；笑容少見了，原本可以親和往來的人際不復存在，不少人的心情猝然掉落到無從知覺的苦楚。

如果用「覺醒」拯救苦痛，可不可能？

什麼是覺醒？

就是忘掉不快樂的一切，從所有困頓束縛中，徹底把自己釋放，然後鼓勵自己盡情作個「快樂比聰明還快樂」的人。

什麼叫作「快樂比聰明還快樂」呢？不快樂的人智慧再高，也無從治癒苦痛的心！

所以，只要能做到真正的快樂，人心自然皈依平和；平和之後，便不覺生活壓力的折磨究竟如何沉重。而他，就是拿這樣的心情在陌生地學習、觀摩洋式家具的製作方法。

人在臺北確實容易承受生活折磨而萌生意志消沉，游禮海懂得從細看「日昇」所象徵的希望；要歡樂、要逍遙自在、要知足，並認清人在任何時刻面臨的問題，純粹是短暫和沒有持久後果的。

身在異地他鄉學藝的游禮海告訴自己，放掉所有消沉的因素吧！那些因素會延誤人的進步。

那是一個屬於風暴、貪婪的年代；是漩渦、高傲；是懸崖、牽掛；是崩解、自我；是火氣、爆裂，很容易把人引入不快樂的歧途。遠離不快樂，便能寄情於工作、生活保持平和心境，不致遭受干擾。

## 美軍進駐臺灣，西洋文化開始入侵臺北

還有，他甚至會利用休閒時間，停雲慢步走在臺北街頭，探查環境、建築景觀，以及商店布置，這不是突發奇想的怪誕念頭，他想用和緩的身體、輕鬆的心情，從桂林路走起，親眼探究他心目中的臺北地圖、臺北的景觀與各個行業的設計概況。

臺北很大，不論炎熱的夏日黃昏，落雨的冬季清晨，他常利用下班後穿梭街頭巷尾，用微熱的心情看待人潮擁擠的芸芸眾生。他的語文程度在當時或許不夠好，與人交談差強人意，行走在都會街頭，反而能從緩慢的行進速度，用身體、用眼睛、用簡單的漢字去判別方向、路線。

二戰結束不久的一九五一年，美國國防部派遣軍事顧問團進駐臺灣，

那會是怎樣的場景？當年的臺北可以騎乘孔明車（即腳踏車，臺灣北部人稱孔明車，中部人說鐵馬）往來各大小街道，有一種簡明的舒適感，在公館學區，可以從臺灣大學、師範大學一帶，整齊的紅磚人行道，感受空氣中飄流寧謐的古老氣息；那麼，在臨近淡水河不遠處，他工作的萬華能看見什麼美學景觀，對，可以在桂林路看見淡水河的落日餘暉，可是，那真是他想見的天地美景嗎？

淡水河落日，美麗的瞬間燦爛，跟大漢溪晚霞有何差別？

時當美軍顧問團大批軍人進駐臺灣，西洋異國文化同時入侵臺北的一九五〇年代，恰是游禮海在臺北市學習西式家具製作的階段。

市區的民族東路與中山北路之間，數公頃土地被拿去興蓋美軍顧問團軍營總部，日治時期主要幹道「敕使街道」被改名「中山北路」，成為國家的中心道路，士林官邸、圓山招待所、美軍顧問團、各國大使館、政府官員宿舍，紛紜聚集在這條路上；及至中山北路末端，六段與七段的天母地區、臨磺溪一帶，以及陽明山山仔后，更是大量興建美軍眷舍群，這些眷舍建築仿

1950 年代臺灣庶民住屋

照日式、洋式混合獨門獨院石磚木造洋房，使整條中山北路充滿異國風情。

尤有甚者，駐臺美軍廣播電臺成立放送，晴光市場和雙城街到處可見舶來品店、美式酒館充斥巷弄；自此，爵士與藍調音樂、交際舞、西洋流行歌曲與電影戲劇、酒吧與洋菸、洋食與存在主義、西式家具與西服穿著、英語會話補習班與西洋書刊、美國大兵與酒館吧女、打撞球與打籃球等洋風生活模式，風起雲湧，不斷振起文化性的與非文化性的奢靡生活風氣，交錯更迭的蔚成臺灣社會主流文化。

相對於臺北都會生活轉型傾向西式文化，出生日治時期的游禮海，一個自小承受日式教育的鄉下人，當面對西洋家具風尚，如排山倒海的掀起臺北居家生活的先進流行風潮，他將如何取捨？如何從中獲取製作要訣？

尤其故鄉大溪人還生活在傳統保守的環境，他到臺北工作，究竟想研習怎樣的新技藝？他是這樣想，總不能一直困守在舊式木器製作的慣性之中，難以脫穎而出吧！

1950 年代的庶民生活

臺北流行西點

1950 年代的居家木器生活

某種善變卻又保守的心境，使他強烈感受這個在陳舊和現代不斷交錯變化的城市，無從理解的千變萬化，心中又不禁對這座他暫時居住的都市，感到不好捉摸，那麼，想必在未來的學習生涯，他想擁有巧藝木匠的夢想可能隨時出現眼前，就好像中山北路、天母或者西門町的建築景觀那樣，一日多變，使人無法置信。

這時，臺北多變的印記無所不在，他想努力成為好木匠的夢想也無所不在。

說是進修學習木藝，甚或為了謀生，都行，游禮海膽敢獨自從大溪到臺北，走在不斷整建高樓的臺北街道，走進人聲鼎沸的鬧街，身為異鄉人，他的確想從腳踏的土地，潛修家具美學的具體情境。

## 臺北成為外地人挑戰自我的新舞臺

臺北街頭既熟悉又陌生的感覺，讓他產生極其特殊的感動，不論建築景觀，或是街弄風景，那種混雜東洋風、西洋風和中式的文化特質，一再使他從疑惑中甦醒、理解，但也同時讓他陷入古老卓絕的內在震驚。也即是說，他逐漸認識木器或木藝應當如何新潮？如何與時俱進？

與其說是前往臺北工作學習，毋寧說，他千真萬確想從接觸現代文明揉合著剛烈與溫馨，交織成無聲吶喊的美感中，確切從那個內涵底層，發覺自己對文化認知的缺憾，以及在學習之旅中流失的錯迷方向。

這種處在異鄉難免流露的奇特心情，不正如日本文學家村上春樹在他的自述裡所說：「在東京山手線的電車廂裡，突然失去了現實感。這裡不是我的場所，言語是幾時崩潰了，夢境是幾時消逝，那種永遠持續的無聊的氣氛在何處消失了。所有都亡去後，姿態都消失之後，恐怕是沉重的束縛與無限的闇黑吧。」

一九五三年，大溪青年游禮海，曾經訥訥不語的走在臺北街頭，不時想著如何讓自己的木藝技能精進。

他發覺社會越進步，人的智慧不盡然隨社會變遷而進化，生活與思考的本能流失、抗壓能力薄弱，心靈成長緩慢，只靠新事物刺激的動力仍嫌不足。他開始下定決心，要求自己從生活中、靈修中，以及孤寂靈魂中，尋找屬於心靈成長的智慧。

看來，光怪陸離的臺北，反而成為游禮海挑戰自我的新舞臺。

後來，除了夜以繼日的機械化木工作業，他養成隨手閱讀習慣，得有空閒，幾乎沉溺在閱讀各類人文書籍，不枉年少輕狂遲滯荒廢的學業。

游禮海在臺北學做西式家具

越是接近青春萌發期，他的心越發躊躇不安起來。

跟一般年輕人不一樣的地方，他委實為沒有顯赫的學歷擔憂，此去人生，不知何去何從？雖則擁有比別人強烈的自信心與獨具風格的創造力，將來更願意投身到木器職場，盡情發揮創意本領，可是，一旦面臨如何實現願望概觀時，他的心情偶爾也會止不住煩躁不定。

「所謂中西合璧的木器製作新法，我又能如何實踐？」不免遲疑。

是呀，離開大溪之前，沒能深刻而仔細看清生命體的內在結構。現在，生活在臺北，所見所聞或許更為寬闊，他樂見自己能依循環境變遷，變換各種角度，眺望所有足以吸引他欣賞或接觸的美學，就算木工這個行業也一樣。

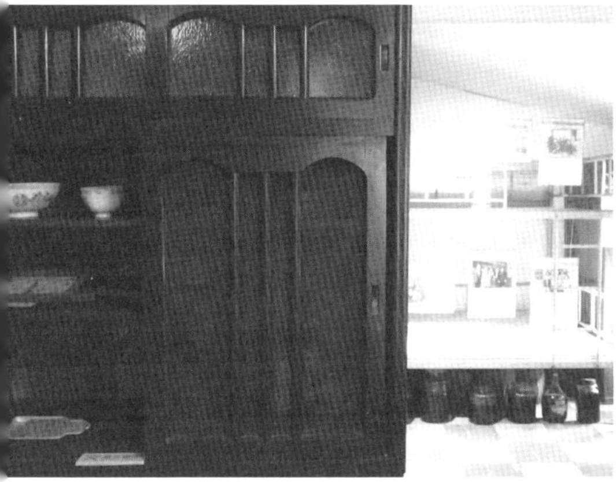

早年臺灣流行的碗盤木櫃

客廳木器家具

傳統的臺式廚房木桌木椅

書房木器家具

## 融合中西美學的家具製作思維

不久後，為了應對趨勢，他從桂林路木器行轉往位於當時叫民生路的日進木器行研習西式家具製作，這和他先前所學的中式家具技法迥然不同，却深刻啟發日後融合中西、寬大包容的藝術家具製作的美學思維。之後，又陸續轉換到鄭州路、雙園街等家具廠工作兼磨練。

面對文化差異所形成的生活習慣，以及製作工藝技能、民俗概念、美學觀點等因素為基礎，木匠營造家具自然擁有因習性所積累不同風格而呈現大不相同的面貌，中式家具、北歐家具、美式家具等，游禮海在浩瀚木業的寬闊世界，不斷尋找那個最能滿足深藏內心尚未顯露的才華潛力，把最愛的木

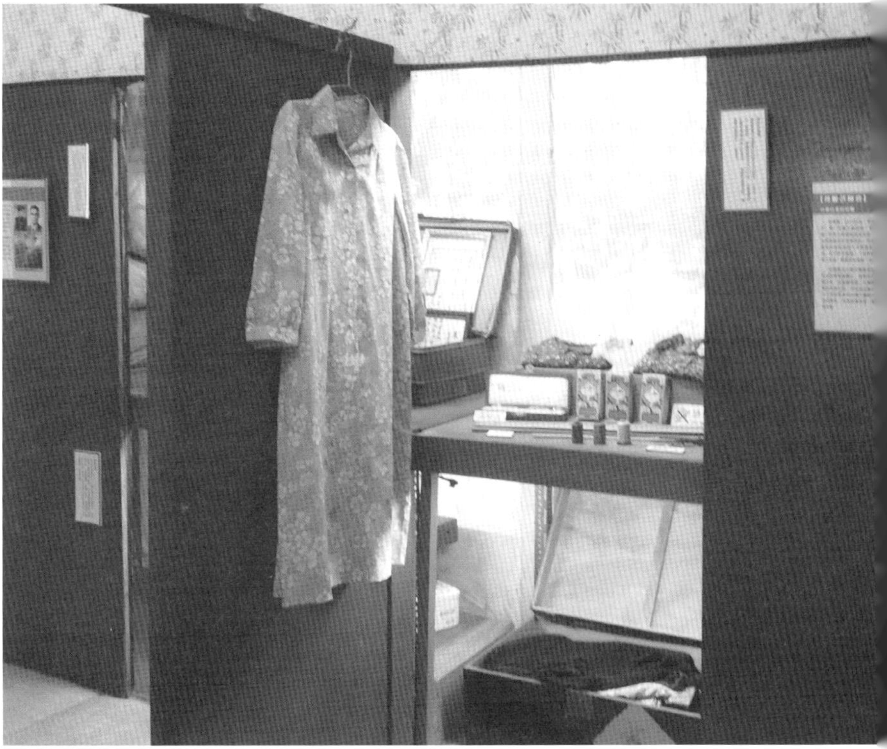

多樣貌的木器家具

庶民廚房樣貌

工業提升層次。

基於中式建築大都以木質框架為結構，木工著重榫卯連接技巧，雖則榫卯結構較西式複雜，但樣貌內斂含蓄，木頭端面和連接形式大都隱藏其中，少有外漏者。因此，傳統居家木器概以硬木為主，不少高品質家具採用名貴的紫檀紅木等，普通家具則以本土木材為主流，如櫸木、榆木等。

西方國家不生產紅木，傳統家具大抵使用名貴桃花心木、柚木等，常見木料有紅櫻桃木、胡桃木、橡木、楓木等。木工相對簡單，木匠把技術用在旋木雕花、蒸汽熱彎和層板冷壓等曲木技術等。西式榫卯結構固然簡單，但大都外向顯露，呈現與中式不同的結構美。

中西、和式共通的榫接法，是將木材切削成凹凸狀，以不使用釘子的形態把需要接合的木料連接起來，形成牢固的結構體。榫接法除了用來製作小型居家木門窗和家具器物，也能用來建造大型建物；舊時的中式、日式木造建物普遍使用榫接法。

日本歷史悠久的木造建築，以及眾多精緻的木工藝作品，至今依舊活用榫接法，其手工之精湛甚為可觀。日式家居木器偏好原木色，或以白色、淡色為主，偶有其他顏色，但都以純色或極具樸實氣質的條紋或格子，展現自然、沉穩、平靜、溫暖的印象。作為日式木器代表色的原木，其家居生活用品，保留了木質原本的色澤，不過度使用工業化處理，樣式簡單，以線條構造美學，呈現最純粹、最真實的原始風貌。

相對當今臺灣，以木材作為材質施作的木工藝，約可分為：建築屋宇的大木作、製作門窗隔間的小木作、製作家具的細木作，以及製作神龕供桌的木雕。桃園大溪是當前臺灣保留木造房子和木器家用品最多的地方，其中包括日治時期以榫接法建築的木造屋不在少數。

那麼，已能神準製作中式家具的游禮海又為何非得勤學西式家具的製作？

以前的他心知肚明，他喜歡的寧靜與他信直的靈魂無法分離，經過臺

工作間的木器與工具

廚房餐桌擺設

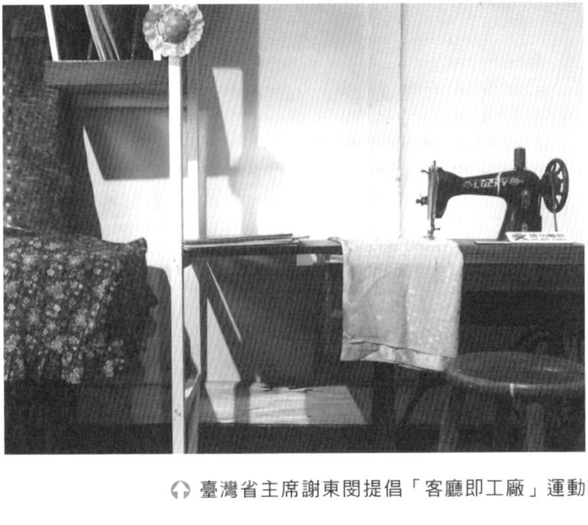

臺灣省主席謝東閔提倡「客廳即工廠」運動

北短暫的學習之旅，現在卻非如此，雖然他並未因為得自繁華都市的文化洗禮，而疏忽了想尋回更深沉的自我內在的決心，他依然喜歡大溪平靜生活的青澀滋味。

也許讓他感到不安者，該是獨自生活的孤寂況味；臺北，對他的未來將會引起怎樣的效應？有時想想，孤獨沒什麼不好呀！人生有過這種在異地他鄉感到靈魂孤獨，雖亦苦澀，不也是難能可貴的經驗嗎？

至少，他不再迷失。

游禮海究竟想獲得什麼？一心一意構思開創屬於木器事業的版圖，這種藉由一邊賺取單薄生活費用，一邊學習西式家具製作，每天汲汲營營討生活的工作，莫非就只為進修西洋家具製作？到了薈萃多元文化和多國文明的臺北學造家具，對日治時期出生的人而言，他難道不曾考慮前往東京或京都，甚或以木造業聞名的東南亞觀摩研習，或許能有特別斬獲也說不定呀！

# 終結一場冒險的學習之旅

過去和現在，多數謀職的年輕人最常發出的心聲是：我來工作，一個月可以獲得多少報酬？

有智慧的人應該會這樣說：我能爲工作付出多少耕耘？

有快樂心的人會這樣告訴自己：我樂意去做自己必須做的。

嘿！當然不會有人說話如此文謅謅，如此不具時務。謀職的人通常只想快快知道：我將能從工作中得到多少酬勞？多少福利？

這便是重「眼前」所見「暫時的獲得」，至於「所不見的」，有誰理它！

何妨學習一種叫朝聖的工作心呢！也就是說，想去工作的目的是過程中

臺北主要流域淡水河

再會淡水河，游禮海即將別離臺北。

的所獲與所得，卻不是一時的結果。

一時的結果很快消失，也容易不滿足，更易產生過多欲望。不去索求很多，將是人的福氣。

人這一生的福氣，是前世修來的，今生的努力，不是它的因；你企盼的果也絕不只是區區金錢將帶來可見的幸福、迷惑或折磨。

好似「生而有涯，學亦無涯」的意念，感性而充滿豐富智慧的佛，讓游禮海了悟：凡事追求因，可得永恆；那果，都是短暫的。

他雖然這樣想，仍不免感到孤寂的異地生活，充滿不可思議的清冷，往後日子，他不知還要徘徊在這種冷寂的孤獨環境多久。

現在回想起來，呵呵！那滋味就像他喝過的泡沫咖啡一樣，冷冷的白色氣泡裡，帶著一絲淺淺的苦澀滋味。他終於明白，到臺北學習，原來是學習「忍受」，學習「內在平靜」。

游禮海在異地他鄉生活的臺北，濕冷冬季的空氣，是否易於使人清醒，易於獲得內在平靜？

不知道大溪這一季的冬是不是和臺北一樣冷颼颼？家人生活狀況如何？黃全師傅的體力是否康健如初？

這是游禮海到臺北的第幾個冬季？晨間起床，窗外一片蕭瑟清涼，使人驚奇的是，這像是要下雪前的冰凍感覺，不僅屋外的枝椏凝結起一顆顆看似堅硬的水珠，就連屋內的家具都像是被一層冷空氣包圍，不時流竄出一陣冰清氣息。

他想起大溪小鎮寧謐的幼年生活，想起在黃全師傅家日夜忙碌工作的緊迫模樣，身為大溪人，他領悟到為什麼要到臺北來？到臺北學習西洋木器製作的意義是什麼？

難道只為了精進那簡單的一句話「學得一技在身」嗎？

這樣的冷天，真是逼迫人根本無法認真做事，無法反應，也無法在街上任意騎著單車行走。

他討厭寒冷。

為人豪氣，待人友善，喜歡結交朋友的游禮海，樂觀的天性，以及豐富

大稻埕霞海城隍廟

新世代的臺北火車站

新世紀的臺北信義區 101 大樓

的觸感，使他在遇到難以解決或無法掌控的情事，會忽然冷靜下來。

這一年的臺北，冰寒的冷空氣，就快使人失去耐性了。

他的肌膚被冰冷的空氣團，如針扎刺。他想到臺北的學習之旅，算算時間也差不多了。一九五五年，時值二十三歲，他終於拿定主意，結束三年木器學習的艱辛之旅，決定離開臺北，返回大溪；然而，存在他內心，真正使他決心離開臺北的理由，竟是受黃全師傅之命，要他回到故鄉一起為大溪木業發展盡力。

臺北固然進步，十足現代化，三年間忙碌匆匆的學習生涯，讓他一時忘了工作壓力，忘了沉重的生命負荷，也忘了自己正身處在臺灣經濟蕭條的年代。

最後，他還是想到必須回家，回到大溪的懷抱。說走就走，不留一絲眷戀。

# 進行木器藝術性改革

# 重返大溪進行家具改革

一九五五年七月，桃園石門水庫建設籌備委員會成立；這一年，二十三歲的游禮海終焉離開正邁入變革，歸於繁華的臺北，因應黃全師傅頻頻召喚，回到故鄉，進到黃師傅的木工廠擔任領班，示意把臺北製作西式家具的經驗引入，轉化大溪傳統保守的木器業，大力推動家具的形式與內涵革新。不多久，具體中西合璧的木器製作產品，果然奏效，蔚為時尚風潮，致使大溪在短時間內攀升成為臺灣現代化家具、神龕、供桌、佛像雕製的重鎮。

小說家王定國在散文著作《探路》一書寫道：「我從那個虛華的世界逃走了，眼前只剩下一條小路可以抵達文學的森林，這裡人煙稀少，寂寞最

年輕時代的游禮海

從臺北返回大溪的游禮海

多，卻也有著我所嚮往的自由，像一隻鳥拍拍翅膀就能飛過天空。」文學家寫出以自由之姿，悠悠然的逃離虛華困境，回歸文學心靈故鄉的喜悅；而今，經過繁華臺北三年的洗禮，游禮海終於還是回到故鄉大溪，重回木器家具製作漠然無聲的歲月，雖則寂寞，卻很平靜。

離開讓許多人欣羡仰慕的臺北都會，返回大溪，他反而表現得出奇冷靜，使人不禁感受這個出身鄉野的年輕人，經過西洋時尚木器家具和臺北流行文化與生活的洗禮，為人處事與人際應對的改變十分成熟得體，討人歡喜。

游禮海原本是個不喜歡在瑣碎而繁雜事物傷腦筋的人，自認沒多少能耐處理，好比過去曾經湧現的零亂思維，都讓他難以應付。如今，他的思考能力頻繁，思緒清楚，知道自己該做什麼？怎麼做？只是外人無從得知他到底在思索什麼。

總之，能夠重新投入故鄉懷抱，繼續從事喜愛的家具製作，一旦順利的

面對大溪傳統木器業的轉化

游禮海的木器工作坊

把鼓足勇氣前往臺北學習木藝的意外人生，以及不安的心情處理妥當，他旋即轉身浸沉在熟悉的木頭香氣的氛圍裡。

是啊，過度信任直覺，或是依賴預感，容易造成神經緊張，唯有在面對一塊塊木料時，他的生命便能從慵懶中甦醒過來。

游禮海素性廣結善緣，朋友眾多，就連身在臺北學習西洋家具技藝的過程，一樣結交不少朋友；他喜歡四海之內皆兄弟，心目中，友情和義氣可以堅如木石，勝過一切，因此，樂觀、熱情的生命象徵，使得生性豁達、心眼開朗、做事積極專注、進取、容易信任別人的性格，且精力充沛的辦事效率，為他換取諸多友誼。

如果他反覆用許多時間與人討論同一個木器構圖，別太快以為他是一個會在原地踏步的人，反應敏銳的創意思維，常使他身邊的人跟不上腳步。

像他這樣一個想像與現實可以同時並行的男子，每一次只願意全心全意關心一件事、專注做一件事，例如事業、工作，或者木藝創意，只要他花時間和精力把這件事弄清楚、想明白，做得徹底，他便會認為自己這一生了無遺憾了。

事實也是如此，臺北三年的木器行作工，好不容易摸索出中西木器家具製造的絕竅，以及呈現木藝之美的技能，他卻因為深怕面臨「惶恐的、極其微妙的危機來臨的感覺」，便自我決議，唯有多方進修，持續熱忱工作，才能獲得更多。辛苦的代價是，他終於在故鄉找到生命的出口，以及未來人生的方向。

## 不無奈於環境的支配，反轉掌控命運

臺北生活期間，儘管大多數人認為長得體瘦身高的游禮海，不過是個家具木匠而已，他卻喜歡用學習木藝的專精態度拓展木器製作技巧，細膩的尋索創作意味。靈思敏捷如他，不僅擁有自學且豐富的國學常識，以及日漸增長的語文能力，對於木器繪圖設計也卓有成就。

誰能說，他不過就是個狂熱作工的木匠而已？

否則，他不會如此輕易拋棄好不容易擁有的工作職位，以及學習高境界的木器美學的機會，心甘情願在師傅召喚下，隻身返回黃全木器製作團隊，意圖用新觀點、新技能改革木器家具。

坐鎮在師傅的木工廠作業

過去，從未接受過他人金援支助；現在，一樣不會厚顏跟他人要求工作機會或資源。游禮海的骨子裡早已注入一股如木剛直的毅力，這股毅力使他相信，他的人生任由自己主宰，毋需藉助他人相挺。

基於這股氣勢堅定的意志力的支撐，回到大溪之後的游禮海，憑藉對藝術的熱愛，以及木器美術的專長，開始統領木器企畫和製作任務，他很清楚如何把這項可以渲染美學概念的木器工作，當成重新踏進大溪木藝業的重要跳板。

「不見得你在臺北所學的專長和將來實質的需求相互出入，你是個有強烈感覺的人，就用自己的直覺去判斷。」這是他最初的期許。

沒錯，他有強烈欲望，想要過多彩多姿的木藝人生。

如果他打算用某種穩定需求作為謀職的第一要素，那麼以他對木藝製作我行我素的個性來看，必然無法承受鎮日坐在設計桌前，從事夜以繼日，事務繁雜的木器繪製工作，他一定老早被繁複的木工敲敲打打的作業形態，搞

閒暇熱中養蘭、賞鳥、園藝。

到崩潰。

夠了，就是選擇木藝這一條路，不然當年所有的努力、執著、理想、夢想都將付諸流水。

崇尚自由自在、無拘無束以及追求處事明快，生性樂觀、熱情，充滿心靈享樂主義的游禮海，運用他驚人的藝術天分與勤奮工作的態度，坐鎮在師傅的木工廠，積極而熱忱的表現他美學設計的專業本領，閒暇還熱中養蘭、賞鳥、園藝。

那是他返回大溪後的第一份職業，對他來說，除了新鮮體驗，同時確證木器繪製才華的存在。

然而，最教人感到詫異的，原本習慣孤獨，有時又表現出內在畏縮的游禮海，如何能在舊環境新人事與人共事相處？

為了實現對師傅的承諾，為了驗證臺北所學，他必須收斂起孤獨性情，甚至妥切安頓忽然轉變的生活形態，表現出淡定的真面目，他說：「跟新認

積極磨練木器製作技巧

識的人相處，才會發覺如何跟人相處。」又說：「跟熱鬧接觸，才會發現平靜在哪裡！」

再次面對黃全師傅，熱烈、熱情的光芒毫不遮掩的從他犀利眼神穿透出來，那是令人感到光采萬分的自信眼神。

細膩的尋索木器創作況味

## 開啟吉美木器行的機運

游禮海返回大溪第二年，也即二十五歲之際，經過黃全師傅教導與觀察多時，除了讚美他靈巧的木藝技能受到肯定，還有，未受臺北都會生活侵蝕掩取的樸實個性備受好評，後來竟屬意他成為女婿。不久，徵得獨生女黃月嬌的同意，把「青梅竹馬」一起成長、精於顧家、理家又良善的女兒許配給他，承繼木業，師傅變岳父，親上加親。婚後，育有二女二男，妻子順從家庭主婦的職責，妥善料理家務，讓「有工作狂」的游禮海無後顧之憂的專注創作。

完成終身大事，游禮海更需要全意立志謀求木藝事業精進發展。

一九六三年三十歲，在大溪鎮康莊路上創立開設「吉美木器行」，專業經營家具產銷；「吉美」二字取其吉祥美麗之喻。創業初期，游禮海每天僅能睡眠三小時左右，像個拚命三郎似的研磨每一件客人訂製的木器作品，自己繪圖，自行製作；認真勤奮的工作態度，黃月嬌雖有萬般不捨，但也因之辛勤耕耘，堅守實實在在做事的原則，果然遠近訂單源源不絕。

游禮海的木器家具作品風格，從早期追隨黃全師傅學習和式雕作，加諸隻身前往臺北自學西式作風，創業後，他把兩者並相融合，隨後又衍化成為中式，直到本土化。由於他的家具手藝雕工細緻，富於融入古典與現代的創意，因而博得不少日本客戶喜愛，甚至遠及美國都有客戶將之列為收藏，木雕技藝受到各界肯定與推崇，使游禮海的家具作品一時間成為時尚潮流。

勇於創造新穎作品的游禮海，委實讓他成為大溪木器業不隨俗、不和眾的佼佼者，由於作品表現突出，相對受到業界重視。或許應該這樣說，想跟同業競爭，表現出不一樣的優越才華，就得付出相對代價，而這代價，就是必須承擔起頭角崢嶸、前呼後擁，顯親揚名的壓力。

年輕時代的黃月嬌

游禮海與妻子黃月嬌

創業以後，他的腦海經常浮現各類木器造型的構圖，以及華麗、精緻、優雅的圖像。

創意需要滋養與行銷，家具設計的創意更需接受流行性的動能刺激。雖則他向來會嚴厲要求自己，必須創造和領導時尚，不可一味跟隨流行；一旦創意時日久了，心中不免產生一種連自己都會感到惶惶然，極其微妙的「危機來臨」的感覺。

他意識到，在忽而順暢忽而模糊的創意運作下，必須時時刻刻進修，必須在善變的木器文化裡，懇切尋找變或不變的美學要領，事實是，他一直抱持這種不定性的善變藝術觀。

藝術不變，何以稱藝術！

真的被美的哲思深深吸引住，他堅持木器業該有屬於這個行業的美學，設計別出心裁的造型，也就是說，不論衣櫥、門窗、桌椅、日常用品的設計，甚或行銷企畫，都該發展出屬於自我的獨特性，以期造就整體的風格取向，成為主宰消費者偏好走向的最大意識。

游禮海家庭合影

業務需要經營，美學更需要經營，是他絕對堅持的主張。

偏巧，他腦筋轉換得快，應事行動快速敏銳，最受不了拖拖拉拉，加之好奇心重、耐心也夠，以及對大自然懷抱濃厚興趣，因此創作品成功的機率十分高，算得上是才氣和運氣絕佳的人。

直到現在，他依然能充分掌握處事敏捷的工作態度，尤其求好心切的心，甚而成為很難改變的生活原則。

美學，是高貴的靈魂創作。美學，是他的夢想、他的命脈。

多年來，關於木器美學的創意工作，讓他發揮許多，他也因為才華出眾而獲得不少優質靈感與機運，使之自然揮灑，從而奠下木器設計的實務基石，作品因此受到大眾青睞。

創立開設「吉美木器行」

## 配合雕刻，製作具有藝術性的家具

由於時代更迭變遷與生活習性急遽改變，加之一九六三年九月初，葛樂禮颱風橫掃臺灣，吉美木器行受到不小損害，外加過去風靡流行的西式家具市場在臺灣逐漸式微，店家惡性削價競爭，利潤少了，使家具市場萎縮不小。

這種惡質競逐所導致的危機，讓頭腦靈光，又具備木工全套施作技能，專業而富深厚涵養的游禮海，進一步轉念，把家具市場的重心移轉到日本，專心製作符合日本人的生活文化習俗，以及象徵藝術性，配合雕刻和美感造型的佛龕等家具為藍本，雕製系列木作。

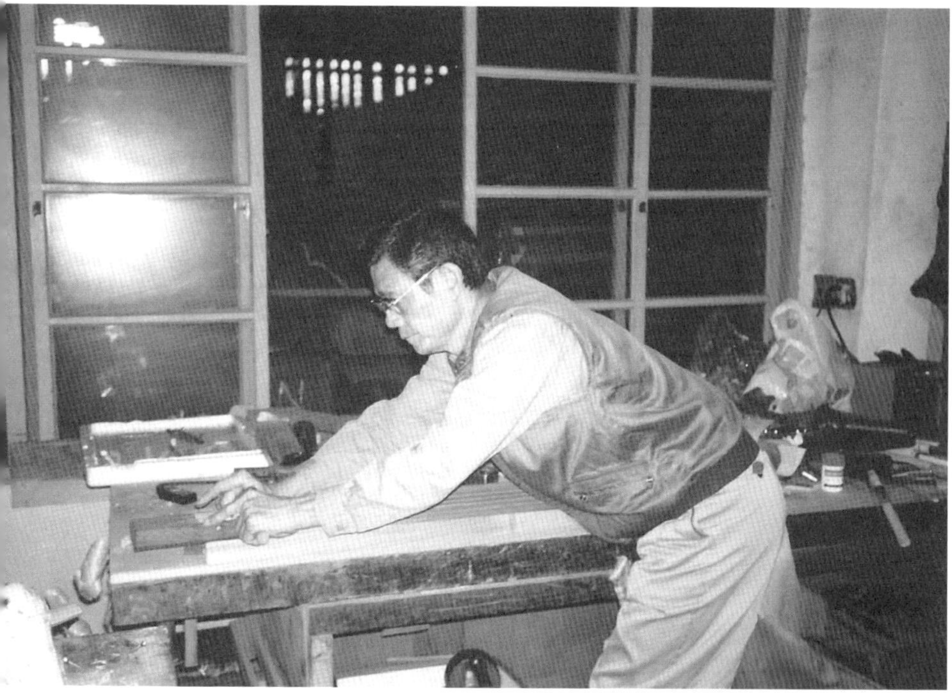

推動木藝美學進入家用木器

作品偏重線條之美，別具特色。

因為作品偏重線條之美，雕工精妙，別具特色，加上前往臺北所學西式古典雕飾，配合現代生活形態，重作設計，使日常家具整體性融合一氣；由是，海外訂單紛紛湧進，他主持的「吉美木器行」，業績大幅躍昇，日久不墜。後於一九六六年，在大溪金城路七號成立家具陳列展示館，開放大眾參觀。

一九七〇年代末期，臺灣經濟開始好轉，游禮海所屬的「吉美木器行」決定暫時停止外銷作業，全心製作內銷產品。是時，游禮海三十七歲，日本頗富盛名的「丸の內家具」三番兩次提出優渥條件，企圖包攬游禮海的工廠，最後遭婉拒。

表面上看起來，游禮海好似失去可以快速飛黃騰達的機運，一如「吉美木器行」的名號，臺灣景氣復甦，反而刺激游禮海思索如何把設計技術向上精良發展，讓美好的家具用品留在臺灣，並開始考量究竟如何才能讓家具不只是家具，換言之，除了生活用的實務功能之外，他要怎樣才能讓心目中的木藝美學，進入家用木器身上。

此後，他把大量心思放在木器美學設計，他的美學概念浩然氣派，美感氣勢不會只要求在木器上點綴些許吉祥圖飾而已，他認為要賦與木器美學，需要從木藝師的內在涵養脫穎而出，把美的靈魂傾注到木器上，給予新生命，繼而產生新文化。

沉澱木頭頂尖的自然景致，再造有生命的木器文化，自此成為游禮海創作木藝的重點方向。他的木器作品為許多日本、美國、臺灣收藏家典藏；最受矚目者，大抵為臺灣各地重要寺廟的供桌，以及富豪宅邸使用的各類家具。其中，臺灣知名金融家族，國泰集團創始人蔡萬春家裡使用的神桌，以及桃園縣中壢市元化院訂製的供桌，粲然顯著，為早期中西合璧風格的代表作。

黃月嬌是游禮海的得力幫手

黃月嬌讓游禮海無後顧之憂的專注創作

# 追求絕美木藝的境界

# 神聖的完美主義者

在家用木器上綴予藝術雕刻，使游禮海的木藝創作，顯得詭譎多變，充滿新奇生命力。特別是面對龐雜的工作，以及堆積如山的打稿、設計、慎選好木、善用好刀、繪圖、木工，他必定全力以赴，他喜歡沉靜中的腦力激盪。

剛直率真、稍有幽默、對人生的看法富含哲理，希望能將自身所散發的火熱生命力，感染到木藝技能的游禮海，內斂、健談、喜歡從事新的經驗與嘗試執行新觀念，尤其樂於把創意表現在雕刻藝術的特性，十分討喜。

一九七二年時任臺灣省主席的謝東閔先生蒞臨參觀吉美家具工廠；隔年，時任行政院長的蔣經國先生也在時任桃園縣長吳伯雄先生的陪同下蒞臨

1972 年，時任臺灣省主席謝東閔參觀吉美木器行。

參訪，鼓舞游禮海對木器家具藝術生活化、生活藝術化的貢獻。

像他這樣一個不願被生活和規則束縛、不肯輕易妥協，同時又具備善性與率性、精力充沛且活動力強的木藝能手，時刻懷抱遠大理想，而唯一無法被強制改變的是，無論處在任何時地，他都不會隨意放棄希望和理想，同行稱他「積極主義者」。

樂天和樂觀，讓他成為十分特殊的木藝達人。

一個神聖的完美主義者，擁有陽剛氣息、寬大體貼的精神，重視公理與正義的伸張，他，彷彿木雕藝術的守護神，經常表現具有主宰和全知全能的操控姿態。人們開始以木藝業最高敬意的「藝師」尊稱。

他向來如此，從小及長，苦心追求完全屬於自己中心思想的木雕環境，但可能起因於過度豁達的人生態度，所以有時候對於美學難免會樂觀得太過一廂情願。

自信性格濃厚的游禮海，與人相處喜歡談文論藝，一方面根基於學徒

謀求木藝事業精進發展的游禮海

2003 年創作《立志》

樂天又達觀的木藝達人

期間自習四書五經，對古典文學與孔孟、老莊哲學多所琢磨，因之，言談中時常流露感性和充滿哲裡論調。如果對方講起話來富有哲學意味，他會很興奮，會非常認真的跟對方談論孝道、生命意義、生活態度、優質人生的道理，而且他會很在乎是否能就此產生出使人滿意的具體結論。

這裡指的結論，不一定是對於事件實際的解決方案或可行的方向，說不定只是些抽象的概念而已，但他喜歡這種隔空式的心靈交會。

這種純粹的心靈交會，有時候，甚至會使人誤以為只有形而上的意義，才能說服如他這一匹思緒不斷奔馳的駿馬，因為形而上的抽象意念，才夠耐人尋味，才能充滿無限可能，也才可能讓他的想像力海闊天空般四處馳騁，連帶影響木藝創作品質。

他認為，追求完美必然也是一種習慣，好習慣的養成，可以帶來一輩子的幸福。對於像他這種深知靈魂不可被污衊，並且懂得以冷靜觀察人性與環境的藝術家而言，他的精神領域是一塊不可被殘暴的爭鬥踐踏的良田。

他早在這塊心靈的良田，種植木藝工程，也一直朝這個偉大計畫前進。

年輕時離開大溪，離去有家人一起生活的少年夢土，如今重返故鄉，一心想成為木藝家的夢想也將逐步開展。年紀輕輕的，他的心中便燃起對木雕藝術的熱情，有時，他會走到臨近山邊的田間獨坐，坐在四周油綠綠的野地，心中不時發出一連串沉靜的聲音。

環繞在他周圍的樹林像是聽懂他的心聲，紛紛搖曳身軀，與他一起唱和起來，斜對角桐花樹群不斷飄落的五月雪花、田埂旁不知名的小草，都像是仰頭對他輕望一般的不時搖動。

這是他常有的動作，當陷落在木藝造型的創意思考過程，他惟其選擇獨自一人面對寧靜，面對冷冷清清的山林溪河，然後以堅毅的執行力，結構出可以讓自己完成任務的元素。

他會在腦海中描繪許多奇異的木藝圖騰，他用童年潔淨的心靈巧思，捕捉一個個屬於幻變無窮的零亂記憶，這些使他衷心期待的童年舊事，某種悠然自在又心事千萬重的憧憬，都在等待的意識中悄然出現。

也許這種簡明的木藝創作的意境憧憬，只是身為一個木藝師簡單的意念需求，但使人感到奇特的是，這些經由幻變無窮的零亂記憶所滋長的信念，以及大溪寧謐山林的神祕況味，到後來竟都成為滋養他熱愛木雕藝術的重要因子，好似木頭與他已然結緣百年、千年。

# 憑藉一把尺、一本筆記簿勇闖木器業

游禮海的生涯規畫一直是朝多方位的木藝設計發展，對於啟發雕刻靈感的攝影、空間設計、家具設計、閱讀……同樣毫不畏怯的一再嘗試。這種膽識激勵他深刻發覺，設計的理念彼此可以融會貫通。對他而言，家具製作是舊愛、木器雕刻是新歡，兩者都具有高度的藝術性，也都潛藏在真我的意念裡，難以割捨。

從小，他就是個喜歡想、愛思考，易於感動、喜歡給自己出題目、解難題的人，他清楚自己的下一步該怎麼做，怎麼走，並且經常會有超乎常人、不一樣的想法，那是因為他始終抱持「以藝載道」的精神，藉此訓勉自己，

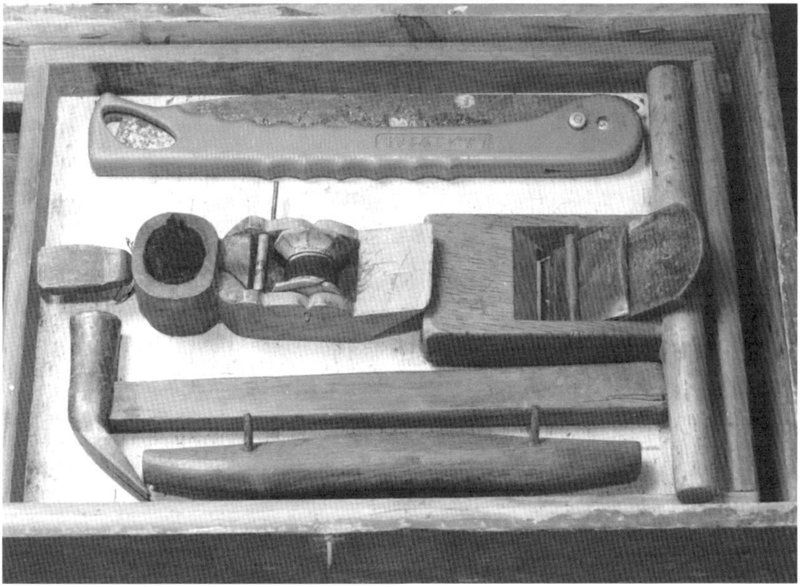

憑藉一把尺、一本筆記簿走遍天涯。

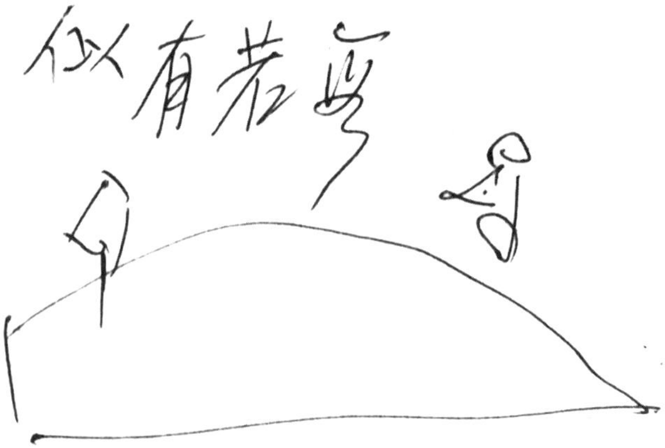


游禮海筆跡

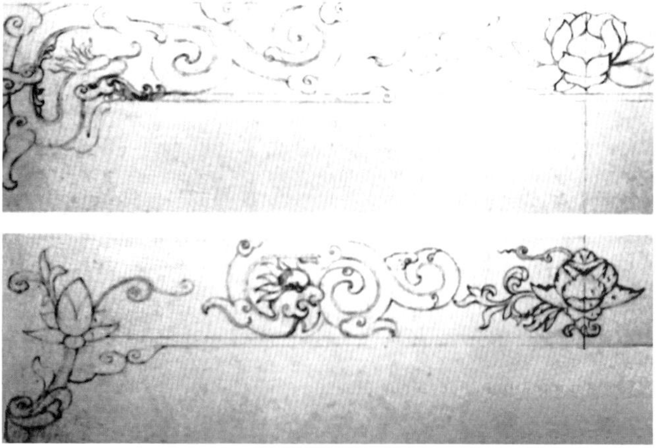

游禮海的木器設計圖

所以創作不少藝術生活化的作品，家具如此，佛像雕刻亦復如是。

「以藝載道」的勵志創意工作對「真我實證」是必須的，這種態度讓他懂得欣賞人、欣賞物、昇華人性，進而體悟木藝品的生命力。當然，透過「真我實證」讓他明白「頓悟」是通往創作內層世界的主要通道。身為木藝創作人，無法頓悟不單是一種過錯，更可說是嚴重的過錯，它是真我實證的障礙，如果不堅持「以藝載道」的精神，的確難以讓木雕作品擁有真正生動的感染力。

人一旦頓悟，便能明白生命有盡頭，明白寧靜致遠是生活必須，明白容顏遲暮，白髮蒼蒼是自然形成的進程，從而在冷靜中認識自己，認識孤獨、寂寞、痛苦、失敗是人生必然，進而確切明白「頓悟」是一種寬容、舒適和誠實。

這是與生命共振，等量齊觀的生存態度，且是推移人生不斷向前奔馳的能量。

好比過去那段艱苦的學徒生涯，雖然少時學識不高，但他屬於用功型的學生，不時自修讀書，拚命吸收知識，學習識字，不斷練習琢磨設計圖，然後憑藉一把尺、一本筆記簿和多年家具工的經驗勇闖木器業。

他相信，機會只留給準備好的人。

不要等到犯下大錯，才說浪子回頭；不要等幸福遠離，才後悔當初沒有及時把握；不要等小孩變壞，才說子不教，父母之過。很多事，不是早該頓悟嗎？

韓愈說：「執事好賢樂善，孜孜以薦進良士，明白是非為己任，方今天下一人而已。」為人處事豈能不明不白！游禮海明白，絕不可畏懼轉變生涯跑道。那是因為規畫人生方向中，他明白隨世局應變、隨事件轉換創意，且以不服輸、不認命的勇氣迎對，才有可能與理想並行，積極實現木器雕刻的夢想。

提及游禮海木藝雕刻作品的「意境」營造，他大多數的創意構思所延伸的意涵，何嘗不與近代美學大師宗白華主張的信念相似相近。

精雕細琢的作品

# 一刀在握，卷舒取捨，空靈翩翩自然來

宗白華是近代融通中西藝術理論的美學大師，對中國書法繪畫及藝術中的意境、空靈、時空意識和西洋雕塑等藝術形式有獨到見解，是民國初期美學研究的先行者和開拓者之一，故有「南宗北鄧」之喻。

他在《中國藝術意境之誕生》中說：「中國畫最重空白處。空白處並非真空，乃靈氣往來生命流動之處。且空而後能簡，簡而練，則理趣橫溢，而脫略形跡。然此境不易到也，必畫家人格高尚，秉性堅貞，不以世俗利害營於胸中，不以時代好尚惑其心志；乃能沉潛深入萬物核心，得其理趣，胸懷灑落，莊子所謂能與天地精神往來者，乃能隨手拈來都成妙諦。」他認為

充滿意境美學的實用家具

每一座家具都充滿藝術美感

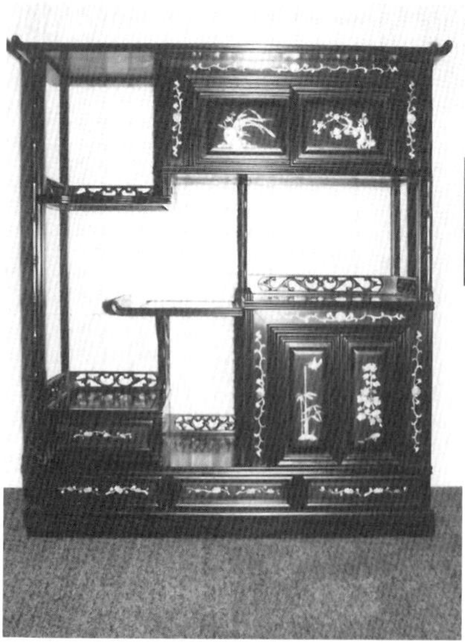

他把家具藝術化

「空靈」和「充實」是藝術精神的兩個主要元素。他的哲學美學的基本精神在於體道悟道，特別揭示出來，顯然有助於人們把握傳統意境理論的真諦。而體道悟道，即是說明「意境美」的創造離不開宇宙人生真相的揭示，強調意境的根源在於活活潑潑、氣象萬千的宇宙人生世界。

那麼，從木匠步上木藝師堂奧的游禮海，創作時，他最在意的意境到底又是什麼？

宗白華寫道：「人與世界接觸，因關係的層次不同，可有五種境界：一、為滿足生理的物質需要，而有功利境界；二、因人群共存互愛的關係，而有倫理境界；三、因人群組合互制的關係，而有政治境界；四、因窮研物理，追求智慧，而有學術境界；五、因欲返本歸真，冥合天人，而有宗教境界。功利境界主於利，倫理境界主於愛，政治境界主於權，學術境界主於真，宗教境界主於神。但介乎後兩者的中間，以宇宙人生的具體為對象，賞玩它的色相、秩序、節奏、和諧，藉以窺見自我的最深心靈的反映；化實景而為虛境，創形象以為象徵，使人類最高的心靈具體化、肉身化，這就是『藝術境界』。」

由是而言，藝術境界主於美，木器雕刻自然也有它的境界之美。

因此，一切美的光芒來自心靈泉源，沒有心靈映射，便無所謂美。十九世紀崇尚自然主義的瑞士哲學家阿米埃爾（Henri Frédéric Amiel）說：「一片自然風景是一個心靈的境界。」（Any landscape is a condition of the spirit.）木藝家以心靈映照萬象，代山川而立像，游禮海以木藝表現主觀的生命情調與客觀的自然景象，或是交融山川大林、小橋流水，淵然而深的靈境，便構成藝術的「意境」。

元人湯采真說：「山水之為物，稟造化之秀，陰陽晦冥，晴雨寒暑，朝昏晝夜，隨形改步，有無窮之趣，自非胸中丘壑，汪汪洋洋，如萬頃波，未易摹寫。」木藝意境的創構，跟其他藝術的創構一樣，使客觀景物化作主觀情思的象徵。而山水境界更是詩人、畫家、藝術家抒寫和詠歎情思的媒介。游禮海的木藝心靈活躍，對於山水宇宙的創化，一刀在握，卷舒取捨，好似太虛片雲，寒塘雁跡，空靈翩翩自然來！

他讓藝術走進生活家具中

# 在木頭的世界翻騰玩味

經常一個人駐足在工作坊的機具前，靜默凝思與支配他的木藝造型。

木具裝填他的創意與夢境，以及一個無限大的，幾乎可以包容木頭不斷擴張幻化的影子；不待上手操弄，木頭瞬時投射出他心目中各種生機勃勃的木藝形貌，神桌造型也好，神佛樣貌也好，山水構圖也好，他輕易的可以從那裡面看見設計意象。

有時，他會一本正經的對著滿桌工具發愣，確信日思夜想的構圖，不久後會以何等優雅姿態在眼前展露鮮明耀眼的模樣；有時，又會不由自主的流露出沮喪神情，讓心神盪漾在飛散掉落的木屑中，隨那些給人望而卻步的木

游禮海經常靜默凝思木藝造型

大溪家中庭園放置了日本負薪閱讀的二宮金次郎雕像

庭園中的骨董佛像

屑積塵，捕捉漏失的片段靈感。

「怎麼樣？沒問題吧！」「怎麼樣？美吧！」

這種相互呼喊的心聲，在製作木藝的工作坊裡，已然應對幾十年；回想多年前，他還在木頭的世界玩味翻騰。木頭的色澤之美，源於它華光的自然異彩，樸實無比，為他心所繫；只可惜，當時對於耐人尋味、含蓄和象徵穩健的木藝製作技術未臻成熟，難以實現；不久後，那份很難被摒棄於夢想之外，為成就心中對木雕樸素無華，自擁一份內斂潤澤的眷戀，逼迫他毅然投身到至今難再回頭的木藝雕作歷程。

偶讀《藥師琉璃光本願經》所言：「願我來世，得菩提時，身如琉璃，內外明澈，淨無瑕穢。」一如一位對藝術懷抱憧憬的修行者，游禮海以雲淡風清的入世精神，進入險峻的新事業體，意圖從木藝所彰顯的自在、自足，或混沌而澄明的境界，走進木雕千金難求，可束之典藏亦可生活實用的樸實之作。

多年來，雕作木頭所衍生呈現的「木藝學」，顯然已經造就為木器藝術的相對代名詞。他以木藝之名雕作的上百件創意品，順理成章成為這個新名詞的最佳詮釋。

無論他的創意靈感來自何方，「木藝」是中心思想的重要根源，也就是說，不管是做木雕品牌、創意巧思、做人處事作工，他都明白「唯心」最要緊；無心、痛苦、貪念，必然使他的創意落空，心願無能實現，甚或談不上對美的要求了。

他不會允許自己天生所擁有的那一點鑑賞力，被不清明的心剝奪淨盡，從他心田裡所塑造出來，關於木藝之美，都是至高無上，因此，在祛除木頭表面的斑點之前，他必得先檢視和除卻心中對於不美所形成的任何阻礙。

可以這樣說，從事美的創作，以及創作美的幾十年間，對那些視覺所無法感受到的精巧調和與感動之美，都將被他一一移除。

自擁一份內斂潤澤，對大自然的眷戀。

原來園藝也是靈感來源

利用木頭製作木雕藝品，他相信，大自然這個人類無力掌控的大宇宙，似乎也以平和之氣保護照應以木頭為材質創造出來，可以包容謙和、純淨的木藝小宇宙；他如此信任美，也相信美將給他的作品帶來優雅的生動力量，流傳長久。

他對木藝至美的態度是，不允許有任何瑕疵。創意亦復如此。

## 尋找木藝的山水哲學

他曾對來訪的記者和學者如是表示：

創意，來自「有感而發」，這「感」指的是生活中行為舉止發起前都有的一種中心思想，而中心思想讓人們的言行舉止一致，不至於混淆！理念確定了價值觀和視野，不管在學習上或做任何事情，出手雕琢的時候要有中心思想才能使整體意志精準，一旦所有面向都有完整的概念，緊接著才能將其轉變成視覺的，或可觸摸的具體事物；人都有心，心是重要的原點，中心思想便是創意木藝的源頭。

創新和創意，除了是中心思想，更能把所有概念化的東西藉由進化與時俱進演變而來，木藝創作正是如此。時代流轉、時空變遷，意味創新本身就是「變」的概念。「變」指的就是再好的東西若只能屬於昨日，那就只是過去式了。所以，一定有最適合現代生活或物件互動方便性的好東西，要找到它就必須創新，創新則需要靠創意！

創意來自生活經驗、觀察與閱讀，當人察覺到想像有所不足時，就會產生想去改變的動力，創意的好壞需要學習與鍛鍊，才能使有創意的東西往好的方向發展！

真善美是追求夢想最高的理想！是必須花一輩子的力量去追隨才能獲取；這跟做人處事一樣，必須不斷實踐，努力追求。

所有事物的誕生，都在真善美的元素裡展現，創意必須是真、呈現出來必須是美、跟人的互動必須是良性的善。因此，從設計角度來看，木藝構圖本身追求的就是真善美，游禮海從事木藝製作，所做的只是用不同的切入點和形式來表達，不美的不做，不善或跟人互動沒有良好效應，他也不去碰觸。也即是說，設計木藝構圖需要以不同面向呈現出天與地的真善美。

用木頭找尋木藝的山水哲學

以他設計的木藝來說，便是用破繭而出的動能，拿出嶄新的創意為木器彰耀光華。新，意味突破，突破傳統，面對挑戰，創造新品。

游禮海是這樣想的。

他要的就是這種從天馬行空或無中生有的美好靈動，找到木藝的山水哲學。

看似簡易的木雕，是所有木藝中，被要求品質最高者，其他木雕若在雕琢過程不留神、不經心、不專注、不精細，或沾染任何雜念，就必須淘汰棄擲。

這是他對木藝絕美的要求準則，也是選擇製作木藝作為他人生事業最大的挑戰。

人們說，游禮海的木藝作品充滿繪畫性、宗教性、哲學性以及實用性；這些說詞都讓他感到驚愕，他從不懷疑美學之中潛藏深厚的文化氣息，是一種必然；也從未疑惑藝術作品兼具實用價值。這樣說吧，當把兩者或兩者以上屬性的工藝品相互依存取暖或融合，未嘗不是創新精神。

用木頭創造木藝

沒有崇高的理想，就不能積極行動。

他用生命投身木藝

過去從事中西與和式木器家具的設計和製作，他一樣經常性藉由閱讀古典書籍汲取思想養分，他從書籍文字中獲得人與土地、植物、大自然之間的親密啟示。

他確切明白自己對於生存的態度，以及對木藝敬重的心情；更且清楚，無論是生活還是工作，如果沒有崇高的理想，就不能積極行動。所以，他把木材形塑成家具、山水手藝的唯一夢想，建構在雕刻高難度的藝術品，從而一併認識自己的內在世界。

# 神佛，本來就藏在木頭裡

## 他的創意形象本來就埋藏在木頭裡

「他的創意形象本來就埋藏在木頭裡」。這句話是沿用日本文學家夏目漱石著名的小說《夢十夜》之〈第六夢〉，用來描述以雕刻神佛、仁王像聞名的木藝師運慶的雕刻工夫的譬喻，如果用這句話來形容游禮海雕刻佛像、山水景觀，出神入化的木藝技能，實不為過。

《夢十夜》這部小說是夏目漱石四十一歲著寫的作品，以夢的形式記述十則「夢境」故事，反映作者對童年、親情、愛情、人生、人性、當代社會氛圍的深刻感悟，有年少舊事、古今交錯、噩夢與現實交織。每一個夢境呈現的欲念，從恐懼、孤寂、憤怒、哀傷、離情等，表現出夢中沒有意識的世界，並透過無意識、非合理的事物與故事，確認各式各樣的自我存在。

若說夢是人內在思維的投射，那麼《夢十夜》就像一把鑰匙，帶領讀者一窺百年前，從容優雅、兼具幽默的作者，深沉的內心世界。其中，描寫以雕刻佛像出名的木藝師運慶的〈第六夢〉，把運慶傳神的雕刻技藝呈現得淋漓盡致，使人讚嘆不已。

運慶，平安末期、鎌倉時代著名的佛像、阿彌陀三尊像、不動明王像、毘沙門天像、如來像、金剛力士像的雕鑿師。

仁王，佛教護法神，傳說是天界守衛，也是佛陀侍從，手執金剛杵，人稱執金剛神、金剛手或密跡金剛。傳說不同，各有不同說法。日本佛教寺院，常見金剛力士塑像。執守山門的金剛力士，左右各一，又稱仁王、二天王、二天、二王尊、哼哈二將，是佛教寺院的守護神。

全篇小說以村民風聞運慶要在寺院山門前雕鑿仁王像，群聚看戲所延伸的眾生相。

出生明治元年的日本文學家夏目漱石

夏目漱石著作《夢十夜》

「運慶要用這塊爛木頭刻仁王像？」「對啦！這比上天造人還要困難啊！」「好笑。仁王可比武尊還要更高一階。」「而且有能力雕刻仁王的，也是萬中選一啊！」「這根本是不可能的。太令人感到疑惑了。」「這種時代還有人在刻仁王像啊！那種過時的東西。運慶是什麼貨色，讓我掂掂他有幾兩重。」「這就是運慶，完全目中無人，好像這世界只有他和仁王存在一樣。」「你看他的手法有如神助一樣。」「他根本沒在刻啊！」「真是太驚人了，你看他那狂放不馴的創作方式。」「啊！我知道，他根本不需要斧頭。」「如你所見，頭像的形狀已經在木頭中了。他只是用木槌將他敲出來而已。」「你看，他的技法精準到就像從土裡挖出石頭一樣容易。」

小說如是描寫：

風聞運慶正在護國寺山門雕鑿仁王像，於是在散步時順道繞過去看看，不料在我之前，寺院廣場早已聚集許多慕名而來的人，你一言我一語的議論紛紛。

山門前九、十公尺左右處，有一株巨大的赤松，枝幹橫生，遮蔽了山門的棟瓦，直伸向遙遠的青空。綠松與朱門相映成趣，實爲一幅美景。而且松樹的位置絕佳，不礙眼地挺立在山門左邊，再斜切山門往上伸展，越往上，枝葉幅度越寬，凸出屋頂，看起來古意盎然。想見是鎌倉時代沒錯。

可是四周觀賞的人，竟然跟我一樣，都是明治時代的人，而且大半都是人力車車伕，大概是等候載客無聊，跑到這裡來湊熱鬧。

「好大啊！」有人說。

「這個一定比雕鑿一般人像還要辛苦吧！」又有人說。

「喔，是仁王。現在也有人在鑿刻仁王啊？我還以爲仁王像都是古時鑿的。」另一個男子如此說。

「看起來很威武的樣子。要說誰最厲害，從古至今人們都說仁王最厲害。聽說比日本武尊（注：大和國成立初期傳說中的英雄）更強呢！」另一個男子插嘴道。

京都六波羅蜜寺收藏的運慶肖像（傳說是運慶的長男湛慶所作）

這男子把和服後方往上折進背部腰帶，沒戴帽子，看起來不像是受過教育的人。

運慶絲毫不為圍觀者的閒言閒語所動，只專心致意揮動著手中的鑿子和棒槌，他甚至連頭也不回，站立在高處仔細雕鑿仁王的臉部。

運慶頭上戴著一頂小烏紗帽般的東西，身上穿著一件素袍（注：鎌倉時代庶民的麻布便服）之類的衣服，寬大的兩袖被縛綁在背部，樣子看起來很古樸，和在四周喋喋不休看熱鬧的人群格格不入。我依舊站立在一旁，心裡奇怪運慶為何能活到現在，眞是不可思議。

可是運慶卻以一副理所當然，不足為奇的態度拚命雕鑿。一個仰頭觀看的年輕男子，轉頭對我讚賞道：

「眞不愧是運慶，目中無人呢！他那種態度好像在說，天下英雄唯仁王與我，眞有本事！」

我覺得他說的很有趣，回頭看了他一眼，他立刻又說：

奈良東大寺廣目天王木雕

「你看他那鑿子和棒槌的力道！眞是達到運用自如的境界！」

運慶正鑿完約有三公分粗的眉毛，手中的鑿齒忽豎忽横地轉變角度，再從上頭敲打棒槌。看他剛在堅硬的木頭上鑿開一個洞，厚厚的木屑應著棒槌聲飛落，再仔細一看，仁王鼻翼的輪廓已乍然浮現，刀法異常利落，且力道絲毫沒有遲疑的樣子。

「眞行！他怎能那樣運用自如，鑿出自己想鑿的眉毛與鼻子的形狀？」

我由於太感動，不禁自言自語的說著。

剛剛那個年輕男子回我說道：「不難啊！那根本不是在鑿眉毛或鼻子，而是眉毛與鼻子本來就埋藏在木頭裡，他只是用鑿子和棒槌將之挖掘出來而已，這跟在土中挖掘出石頭一樣，當然錯不了。」

這時，我才恍悟原來所謂的雕刻藝術也不過是如此。若眞是如此，那不管是誰，不是都能雕鑿嗎？一想到此，我突然與起也想雕鑿一座仁王像的念頭，於是，決定不再繼續觀賞下去，便打道回府。

奈良東大寺多聞天王木雕

奈良東大寺廣目天王木雕

回到家，我從工具箱找出鑿子和棒槌，來到後院，發現前一陣子被暴風雨颳倒的橡樹，因爲想用來當柴火燒，請伐木工人鋸成大小適中的木塊，被堆積在角落。

我選了一塊最大的木頭，興致勃勃地開始動工，不幸的是，鑿刻了老半天仍不見仁王的輪廓浮現。第二塊木頭也鑿不出仁王。第三塊木頭裡也沒有仁王。我將所有木頭都試過一次，發現這些木頭裡都沒有埋藏仁王。最後我醒悟了，原來明治時代的木頭裡根本就沒有埋藏仁王，同時，也明白了爲何運慶至今仍健在的理由。

雖說運慶雕刻仁王的技術高超，但重點是必須經過反覆練習，才能看到內在，以達最高境界。仁王的輪廓之所以會藏在木頭裡，是因為運慶的手藝熟練，加上天分與心無旁騖發揮特長的努力，進而達成任務。

運慶出神入化的雕技，被路人說成「只是用鑿子和槌子的力量，把原本埋藏在木頭裡的眉毛和鼻子挖出來罷了」，這句話深具禪意。佛學講究「人

京都六波羅蜜寺地藏菩薩像（傳說是運慶作品）

運慶作品 · 無著菩薩立像（1212 年）

的本心」，人都具足佛心，只是被虛幻蒙蔽，「迷即眾生，悟即是佛。」所以需要點悟、喚醒。作者以這種使人驚奇的讚歎方式描寫，正如影評人蘇士尹所言：「原來大師與他的差別就在於境界的不同所產生的創作靈性的不同。」

古語說，「相由心生」，心中有佛，看什麼都是佛，運慶雕刻仁王的心如此，木藝師游禮海雕刻家具、神佛、佛具、山水峻嶺，焦點不都放在「那根本不是在鑿眉毛或鼻子，而是眉毛與鼻子本來就埋藏在木頭中，他只是用鑿子和棒槌將之挖掘出來而已。」這句深層且富於象徵性的話嗎？游禮海著名的神佛雕像與山水意境木雕，就是如此，原來，他由衷敬重的菩薩、心中愛戀的山水，本來就藏在木頭中，他只是用鑿子和棒槌等工具將之挖掘出來罷了。

# 大器的木藝風格

初時學習識字，游禮海養成夜讀古籍習慣，讀《論語》，讀老莊，使他身心愉悅，委實讓他從中得到不少人生至理，獨自細思、品味箇中道理，懸念胸臆，他認為道德文化必然可以在純淨的木雕意念裡創造與發揚；這是他獲取人生真諦，從事木藝創作的關鍵。他說，錯過在詩書經文裡捕捉美好創意的良機，以後恐怕不會再有機會遇到，緊握當下意念，付諸行動，這才是學習態度！

對他而言，從過去到現在，絕不允許自己停留在尋常家具製作的領域，甚至僅惦念家具設計曾給他帶來的好名聲，他必須毫無顧念的把握「以藝載道」的精粹，使其成為創作的轉捩點；他強調，生活周遭充滿美的視野，這

游禮海的菩薩雕像

游禮海的菩薩雕像

些美的純粹意象一直凜然佇立人間角落，一如遼闊天際，從未消失，有心人愈看愈大，大到幾乎可以包容整個宇宙。

這種安然觀賞身旁事物，進而讓他觸動美感，貼近美學，如今又完全容納他，允許他在其中主張、構思、創造，甚至超越。事實是，人類從未摒拒木藝，他也拿木藝當生命共同體，不離不棄，即使站在美學角度來看，這個大到可以包容整個視野的雕刻藝術，無時無刻不存在人間。

兒童文學作家謝鴻文在他一篇〈回顧〉的文章，提到游禮海的木藝美學，如是見解：

游禮海的人生就像木雕，從不起眼的一塊木頭，經過選擇、雕刻，然後組合、整修、打磨、最後髹漆綻放光華。他從一個小木匠變成鼎鼎大名的藝師，隨著事業蒸蒸日上，游禮海有更堅定的勇氣進一步積極推動「家庭藝術化、生活藝術化」的理念。

他的個人家具作品更重視造型如何兼冶古典與創新，堅持以傳統精準的榫卯結構作工爲基底，加上西洋刻花等樣式的外形變化，既要費心整體視覺比例的平衡度量，要讓作品線條流利圓轉不死硬，雕工處處見精妙卻不浮華；另一方面爲了讓大眾接受「家庭藝術化、生活藝術化」的理念，尺寸縮小、風格清秀的家具也逐步替代舊樣式，使家庭收藏、擺設都更便利、美觀，家具的功能性與目的，於此產生化學變化，被賦與了文化流傳的宏大意義，使用家具與觀賞家具，隨著詮釋欣賞角度不同、空間置放位置變化，引發生活更多美的趣味和喜悅獲得。

游禮海認為家是安住居身和居心的地方，要清淨才能明心見性，他始終相信，藝術的養成需要環境的薰陶，以及人為的化成；此外在他的觀念中，家具應該要能傳子傳孫，只能用一代的消耗性家具是不具有市場價值的，所以他的作品進而使人生發愛物惜物的傳承之心，此一獨特風貌的展現，大大衝擊了大溪木器業者。跟進有之、鄙夷有之，但少有人能超越游禮海的大器，關鍵還是在於技藝的修行以及身性修養的融通。

游禮海的菩薩雕像

游禮海的菩薩雕像

游禮海說他是「英雄不怕出身低」，明白人生要做什麼一定要有配備，他說自己靠著「一枝筆、尺和書成就事業」，而書是許多工匠不懂、也不會去探掘的寶礦。由此可知，游禮海雖然早年失學，但靠著勤奮自學，文學、佛學、藝術的消化吸收，成就了他的雍容大度。

游禮海藉諸古人木雕製作的意象，把古典、現代、歐風、東方的意識，全融合在一起，借力使力，獨創出屬於游氏特有的生活化與實用性的工藝風格。

木雕和木器的材質特性原本大不相同，製作過程也不一樣；這就好似使用布料和塑膠纖維製作服飾，不論手感、裁剪、打樣，各有訣竅、技術。

他手作的木雕，不管外觀、形狀、色澤，甚至操作模式都和古中國傳統的木雕大異其趣，只是，他更偏愛「堅毅溫暖」。看他製作居家木器或木藝，美好與否，別無祕訣，就是用心專注。

西方人看臺灣人的客廳陳設，頗為驚訝，廳堂室內灰白色的牆壁擺設神龕供桌，裝飾複雜，實在難以理解。他說，這是西方人對臺灣人敬天謝神、尊崇祖先的精神意識認識不明之故。當然，不少人家的神桌擺放在陽光不易透入的廳堂，造成神桌之美不易在陰翳的光影下被發覺，也是讓人感到遺憾的原因之一。

游禮海以藝師的美學眼界，雕刻過不少神桌，他設計的神龕供桌融合中式圖騰與西式技能。當淡淡的日光悄然進入室內，那溫和寂靜而微弱的光線，灑落室內，霎時為廳堂塗抹層層柔和色澤。這時，不過分明亮的光線，讓神龕供桌柔順纖細的韻味沁出，比什麼裝飾都美，使人能親近欣賞神桌藝術，百看不厭。可以這樣說，那是游禮海用敬意心專注雕琢的結果。

這就是游禮海！他喜歡在專注而沉靜的工作中，面對各種木器所表徵的生命姿態，他對「木頭是有生命」的敬意態度，總會讓人產生自覺式的尊崇，那是他衷心面對內心所產生的一種期待木藝所將帶來的喜悅憧憬的意識。

木藝，代表的不正是敬重人生的神聖訊號嗎？

這是明晰的，對於木藝所能提供人類心智感官深刻感動的功能，他了然於心；一如人們所見他的各類作品，不僅擁有驚鴻一瞥的瞬間美的特性；有時又如秋日所見芒草，一路延伸到堤岸不見底的彼端，展現它白茫茫的飄瀟色澤，猶有無窮無盡的想像空間。

# 大溪瑰寶於焉誕生

# 木藝作品具古典與現代，受蔣經國肯定

人存在世間，沒哪個人是該為他人而生、為他人而活；每一個人都有各自的工作、成就與否的擔子和因果要承受。所以，你，才是自己的貴人。

但要成為自己的貴人之前，每一個人都需要獨自仰賴勇氣與毅力，去面對生命中「心」裡面那許多個紊亂複雜的「我」，以及「我」裡面那許多顆善變的「心」。

因為工作、學習，與生活帶來的情緒、寂寞、疾病、痛苦、災禍以及成功或失敗，都是生命必經過程，惟其坦然面對困境，勇於承受負擔，那個內在真正的「我」才算完成。

游禮海從工作中明白這個道理，尤其，當人們運用個人內在能量，獨自面對諸多生命橫逆時，更能發覺那個內在真正「我」的力量，竟然如此「深不可測」，如此「捉摸難量」。

不能因為害怕做錯事，而避開所有的行為；不必因為害怕走錯路，而成天躲在家裡不出門；人應該認真、專心去履行生命職責，毋需執著於害怕做任何事的結果。

把結果交付昊蒼，就不必時刻介懷生命的無常起落了。

天，不會是你的貴人；你和你的心，才是真正能帶你離開苦痛的貴人。

懷抱簡單卻明白天理的心，獨立而堅實的生活，游禮海說，學藝期間澈悟「學如逆水行舟」的道理，所以不斷淬煉追求改進工藝的技巧及視覺美感。他樂於扮演好自己的貴人。

從臺北返回大溪，他對追尋木藝美學的勇氣倍加，更為創造新觀感的木藝生命負責，這是尋找個人內在潛能，以及發現心中那個「我」的最佳途徑。

時任行政院長蔣經國先生由吳伯雄縣長陪同，先後到訪吉美木器行五次。

蔣經國先生參訪吉美木器行

猶有甚者，年來，木藝設計概念大都強調「低限」和「極簡」，就連家具設計的腳步也跟著極簡風流行起來；但，日常家具的設計卻還沿襲百年前老祖宗傳下來的風貌，把百年前的老東西放進現代人居住的空間裡，究竟搭不搭？很難說。游禮海毅然步上木藝革新陣線，意圖改造木藝新風格、新樣貌的實用價值，多年研發，辛苦折磨，終焉實踐，也做到了。

自一九六二年開業創立「吉美木器行」，他在木藝世界不斷創新，要求風格，把木藝設計衍繹的生動品味，引伸到普羅大眾的日常生活。一九七一年，中壢元化院邀請他製作供桌，成為個人早期中西合璧風格的代表作。一九七三年起，時任桃園縣長的吳伯雄先生，多次陪同蔣經國先生蒞臨「吉美木器行」參訪木藝作業，轟動鄉里街坊。

已然成為大名鼎鼎的工藝大師游禮海，隨著蒸蒸日上的事業，他更進一步積極推動「家庭藝術化、生活藝術化」的理念，不僅深化大溪，甚而影響業界；因此，獲得當時行政院長蔣經國先生肯定，他先後到訪吉美木器行五

蔣經國先生到訪吉美木器行

蔣經國先生到訪吉美木器行，還跟游禮海購買一尊關聖帝君。

次，還跟游禮海購買一尊關聖帝君雕像。

游禮海的夫人黃月嬌女士說，至今依然可以感受經國先生坐在木椅上，平易近人、祥和觸摸椅背時，輕聲發出的讚嘆。

游禮海的家具作品除了特別強調古典與創新，更堅持以傳統精準的榫卯結構作工為基底，為了讓民眾接受「家庭藝術化、生活藝術化」的信念，他製作尺寸縮小、風格清新的便利、美觀家具，逐步取代舊樣式，易於讓小家庭擺設收藏。經過多年努力，果然賦與臺灣木藝文化非凡的功能性意義。

誠如游氏所言，家具之美不能只在其中點綴一些吉祥圖飾就算數，真正美好的家具必須從藝師涵養的美學技藝脫穎而出，把靈魂注入到有生命象徵的木頭裡。而他推動的「家庭藝術化、生活藝術化」的信仰，正是讓家具重視造型美學為基礎元素的概念。

他認為家具必須藝術化才有寬廣前途，不能只把它當成日常用具，隨意製作，抱持「能用就行」是錯誤的想法，加強藝術品味才是木藝製作的正途，否則被當成「日常用具」的家具，必然因生產過剩，商家拚命降低價格，利潤少了，木藝價值相對跟著泡沫化。

游禮海強調，放眼當今木藝師，全能者不多，少有人願意或有能力從設計、雕刻、漆工全由自己親手親為做起。身為藝師不能故步自封、不求轉化進步，應積極找出可行的附加價值，而不是只把木藝當作一般家具看待，譬如，原本只能賣一萬元的日常家具，如果用更好的材質與創新概念，提升為藝術品，價格或許可以攀升到十萬甚至百萬，這不就是木藝美學的進化嗎？

他始終相信，製作傳統工藝不難，難在不少人對工藝不尊崇、不敬重，吃三塊豆干就想爬上天的年輕人越來越多，不願從底層做起，手藝技術自然不如人！他坦言，木藝美學的養成需要接受文化薰陶，以及從閱讀書籍、沐浴典雅、表達生命經驗、生活態度和人生哲學，才能有成。

由於態度積極，以及夠厚、夠重、夠寬的影響力，自此，他的意念與行動深植業界，致使大溪傳統家具不斷展現蓬勃氣象。

# 雕刻刀的美學技藝

法國浪漫主義作家雨果曾說過：「對那些有自信而不介意暫時成敗的人，沒有所謂失敗；對懷著百折不撓，堅定意志的人，沒有所謂失敗。對別人放手，而他仍然堅持，別人後退，而他仍然往前衝的人，沒有所謂失敗，對每次跌倒而立刻站起來；每次墜地，反會像皮球一樣跳得更高的人，沒有所謂失敗。」雨果清楚明白不失敗的道理。

游禮海製作木器木藝，自然也曾遭遇瓶頸與失敗的經驗，他堅持「訓心持志」意識，是讓他從失敗中覺醒的要素。

話說，鑑於傳統技藝恐將失傳，由國立傳統藝術中心委託國立雲林科

2004 年連續兩年在傳藝中心舉辦的木藝課程，為學員傳授木藝技能。

實作教學

技大學辦理的「游禮海藝師家具、木雕與墨繪傳習」研習營，課程包括「講座教學」、「實作教學」及「參觀教學」，旨在讓學員提升自身藝術美學素養，並熟悉傳統工藝特質。

傳藝中心特別針對民族藝術薪傳獎得主游禮海藝師，設計了為期七個月的傳習講座，意在藉由家具製作、雕刻、墨繪等跨領域學習，充分結合創意的發揮，以期建立學員獨立思考能力；再經由講座與實作經驗的互動，讓學員在理論與實務學習過程得到成長，並於參觀教學中拓展視野及興趣，讓學員增進相關專業知識，期使學員有豐富而多元的吸收新知管道，對傳統工藝建立基礎外，並冀望能擁有開創性見解，成為未來木藝業的種子生力軍，使傳統工藝文化得予繼續傳揚。

游禮海面對新手學員的教學態度，誠懇無私，面授不懼失敗或失誤的勇氣，他授課神情至為愉悅，委實讓人感到驚奇，細思量，這不就是真正的教學態度嗎！教課使用雕刻刀輔以美學概念，這是他獲取教學真諦，從事木藝創意教育的關鍵點。

人間事，恆常存在一體多面的角度；人在看待事情，常會衍生出諸多意見，尤其美學，易於出現不同角度的意見，以致見解分歧的爭辯。就如人們對他製作的木藝何嘗不也抱持不同見解。而他喜歡不同意見形成的融合，乃至融合演進成「美的大觀」。

這如同一把鋒芒利刃，當握在盜匪手中，匪徒用這把刀砍掉人手或刺傷人，被稱作「暴力」行為；如果這把利刃握在外科醫生手中，醫生用刀切除病人腐壞的內臟、漫延的癌細胞，活人一命，則是「非暴力」的救援行動。

同樣使用一把利刃的作為，卻因人本身的意念而產生善惡的分別心，以及因分別心而牽引對同樣事物的不同看法、不同意見，這便是思辨。

人看待同一件事，會因個人偏見與愛好，而有不同說詞與心念；而同一件事情，在同樣人的身上，也將寫意出不同的解讀，這種角度無關乎是非對錯，是心念引起的看法，心念導引人們對事物行為的單一或偏差的喜惡態度。

不論角度如何？意見如何？若能以「大觀」的精密思維衡量從事木藝雕刻時，善用雕刻刀切鑿木材就不易形成偏見或絕俗的看法了。

他已然善用雕刻刀切鑿木藝

用木頭融合「美的大觀」的木藝

# 質地純樸的木藝世界

進入中年後，游禮海已成就非凡，位居國內赫赫知名的木藝師，可他依舊難忘過去白天學習細木作，夜間到私塾讀書識字的經歷，凡事一樣認真不懈，閒暇仍不斷進修，以閱讀為樂，以時時學習為人生指標。

這種懇切的態度不禁使人想起，過去，人們印象中的香蕉皮對飲食生活是毫無作用的，所以認為香蕉皮不好。但，如果沒有這層「毫無作用」的外皮存在，香蕉肉就不會受到妥善保護。

所以，不要隨意指摘任何事物是壞的、不對的或錯誤的。正如，一間房裡傳出惡臭，只要焚燒幾柱香，空氣就會清爽起來。泥土氣味，木頭氣息，亦復如是。

系列創新的神桌木藝

神桌木藝作品

也就是說，人們應當以明朗的心念去改變惡的、不對的事物，如此一來，惡和不對就得以受到改善，甚而產生美感。

長時間親近木頭、木料，游禮海把隨處可見、可取，滋養人類生命成長的「樹木」，以堅實的手藝和純粹意象的技能，創造出具有人文氣息、藝術特質的木器家具；木藝浴滿濃烈靜穆的色澤後，比尚未成形前，雜亂不堪的木屑要美，更具生命力。

樹木是人類生存的根基要素，她像一首永世流傳的不朽樂章，只要依賴她就能讓世間萬物充實起來，樹木與人如此親近，她把人類和世界全都容納了，並給予每個人充足的養分。

他利用樹木之實、木材之美，賦與木頭化身為木藝的永恆之美，這是他輕蔑某種暗淡人生，恣意創造出來，優雅的木藝典範。

年過五十之後，最能體會生命本質，心思難免沉重，但他卻能快意的承受改變與翻轉，他用美的形象和意識，豐富了樹木氣息，繼而把木料的氣

神桌木藝作品

創新傳統公嬤坐椅

味，堆積在那裡，聚集在那裡，再用創意去創造，證明木頭並非單一的、醜陋的、骯髒的，她的生命力誠為一種鮮明的大宇宙。

他在其中找到朝氣、福氣、靈氣、和氣、元氣、霸氣和正氣，面對這些使人感到氣韻生動的美學元素，他把相關於新氣象的木頭工藝，打造成英姿勃發的新古典主張，並從中開創出奇特的寂靜局勢，讓千百年來一成不變的木藝造型，多重變化起來，並以各種風雅面貌，宛轉的交錯重疊成他心目中的儒雅美學。

從未有過放棄改變的念頭，猶如多年來改變木藝的實用美學價值，讓他的人生掀起不少波折，但他始終把木藝當成質地純樸的安詳象徵看待。因為，他明白人經歷的波折愈多，成功的果實愈覺甘美。

## 木藝新風格，木雕新樣貌

自十六歲到八十好幾，超過半個世紀，全心浸沉在家具製作領域的游禮海懇切表示，若以經營家具行來說，為了實踐個人的木藝美學，他的「吉美木器行」斥資不菲，重新整建，突破展場陳列方式，把空間調整為不只是堆積成品，具體陳設出個人創作的理念，好比博物館展場，這種方便傳達木藝作品的創作信念，後來逐漸改變了大溪木器業。

媒體形容游禮海的人生像木雕，從不起眼的一塊木頭，經過選擇、雕刻，然後組合、整修、打磨、最後髹漆而綻放光華。這時候，年過六十之後的游禮海的木藝風格已成大器，名聞遐邇。

1990 年獲教育部長毛高文頒贈全國民族藝術薪傳獎

全國民族藝術薪傳獎得獎致詞

1992 年開始，連續三年榮獲民族工藝獎。

游禮海與民族工藝獎主辦單位
文建會陳奇祿主委合影

這位受到地方人士敬重的木藝師，一生不離木藝創作，一九七四年，製作〈紅木太師椅〉獲臺灣省政府建設廳頒發手工業產品競賽第三名。一九八三年，參加桃園縣立文化中心舉辦「吾土吾民」展出。一九八四年，臺中大甲鎮瀾宮訂製供桌，這是個人第一次的寺廟黑檀作品問世。一九八五年，參加桃園縣立文化中心舉辦「大溪唐木家具展」。一九八六年，獲頒美國奧克拉荷馬市榮譽市民。

一九九〇年，受聘為桃園縣立文化中心「典藏家具評議委員會」評議委員，同年獲選教育部頒發全國民族藝術薪傳獎——傳統工藝類木器。一九九二年始，連續三年榮獲第一屆至第三屆民族工藝獎；同年，捐贈百年文物給美國休士頓兒童博物館中國展覽館，作為臺美文化交流。一九九二年獲民族工藝獎的作品為〈吉祥如意方檯〉、一九九三年的作品為〈迎福——書卷花臺〉、一九九四年的作品為〈福在眼前——三面半月桌〉。

一九九六年，紐約莊嚴寺訂製供桌，為首件海外訂製寺廟供桌。

一九九七年，〈吉祥如意方檯〉獲桃園縣中國家具博物館典藏。一九九九年，作品〈六角合桌〉獲國立傳統藝術中心典藏。二〇〇四、二〇〇五年，受聘為文建會技藝傳習計畫講師。擔任國立傳統藝術中心舉辦「游禮海藝師家具、木雕技藝與墨繪跨領域技藝傳習計畫」指導。二〇〇六年，舉辦〈回顧〉展。二〇〇七年，擔任桃園縣忠烈祠文化館舉辦的「桃園藝師傳承教學」講師。

二〇〇九年，開始創作〈景觀系列〉，作品—初心。二〇一〇年，參與桃園國際機場航廈出境大廳〈百年風華——大溪木雕展〉。二〇一一年，參與文化部〈臺灣椅百年家具生活文明載具主題展〉暨桃園文化局舉辦〈二〇一一桃園美術家邀請展〉，展出「巧聖魯班公宴」。二〇一二年，桃園文化局舉辦〈遊藝——游禮海八十回顧展〉。二〇一三年，參與臺灣工藝研究發展中心舉辦〈來坐——臺灣木工藝家具展〉暨桃園文化局舉辦〈二〇一三桃園美術家邀請展〉。二〇一五年，參與〈第八屆海峽兩岸文博會〉暨桃園

第二屆民族工藝獎作品《迎福書卷花臺》

薪傳系列家具

文化局舉辦〈二〇一五桃園美術家邀請展〉。二〇一六年，榮獲第二十三屆〈全球中華文化藝術薪傳獎．木雕工藝〉。

游禮海從一九五〇年代一介籍籍無名的小木匠做起，數十年間，執著於木器、木雕與木藝的興趣，更且把興趣當工作，全心全意自我要求進化提升成為當代臺灣工藝界少數重要的木藝師。一九六〇年代專心一意創新求變，結合中西木器菁華，改造大溪家具製作，讓世人刮目相看；一九七〇年代，為推廣家具藝術化，藝術生活化，以及佛堂藝術化而締造了聲名遠播的大溪藝術家具；一九九〇年代，為傳承木藝家具，大量製作造型優雅，線條清秀流暢，足供當成賞目怡情、家族記憶與文化資產的薪傳家具，傳達社會經驗，呼應潮流趨勢。

過去，木匠們習慣用傳統模式思考，製作出來的木器家具自然千篇一律，了無新意。如果依樣畫葫蘆，仍然沿用舊時代的思維與作業方式，臆斷這輩子他根本不可能製作出「薪傳家具」和「景觀雕刻」系列令世人矚目和驚奇的作品。

他在歲月流轉中，享受到生命存在的喜怒哀樂，也深刻體會從事藝術創作也是一種修行。他說：「把你的工作當作修行，用這種理念去做事，就會覺得快樂，有些年輕人認為工作很辛苦，我卻認為工作是一種享受。」

薪傳系列家具

# 後生子弟傳承藝師大作

## 兒子游智偉接掌經營木藝事業

六十六歲，那是游禮海經歷許多成功與挫敗之後的關鍵年，在這之前，他用了近五十年歲月從事家具藝術化和傳承木藝家具的研發與創作；因為執愛與珍惜，他義無反顧的把所有精力與財力孤注一擲，嚴厲要求自己，這是人生另一個新階段的開始，也是重要的驗證，證明他有實力、有能力，可以改變生活家具千年以來一成不變的技藝。

選擇藝術化作為目標，不僅因為它具有保持純樸、安詳和寧靜的不爭丰采；更基於這種象徵無瑕，不易做到完美的家具，是大溪人精心創造的木藝美學。

與妻子黃月嬌同遊日本

2002 年旅遊美西國家公園

培養以大自然為師的攝影興趣

木藝，使人在安詳和寧靜中，感受虛無生命裡也能存在出塵入心的隱然之美。

他對生命的態度，因為木頭，因為創作木藝五十年而產生更堅韌的力量，總是深刻堅信，創造改變木藝的實用價值，是他跟土地和歷史最親近，最能安穩享受木藝美學的時刻。

幾十年歲月過去了，由於長時間專心窩在木工廠忍受高分貝的噪音，時年六十六歲的游禮海已然耳力不聰，罹患重聽症，遂而決定退休，於一九九八年將事業交由兒子游智偉接掌經營，自己則攜妻陪同前往世界各國旅行，創作型態也跟著移轉到攝影；接觸攝影，他的拍攝主題概以靜物和風景為主，尤其喜歡晨昏之際，充滿朦朧美、低色溫的叢山峻嶺與湍急瀑布的景致為主。

游禮海自我調侃表示，許是因為聽力退化的緣故，反而讓他在視覺上產生更為敏銳的感受，所以常有令人驚豔的攝影佳作出現。

他說，起初只是玩票性質，豈料後來受到卓清順、吳文欽等專業攝影導遊出國拍攝世界風光的影響，他開始添購不少攝影配備，如：ALPA 120WA相機和Ziess Biogon 38mm/f4.5鏡頭等器材，每一樣都準備齊全，煞有介事的一頭跟著鑽進攝影，他說：「攝影就像學做木工一樣，要有自己的想法和看法，家具可以模仿，但模仿的空間有限，精髓是模仿不出來的。」所有創作都該如此，以精神為骨幹，細思創作，才能掌握稍縱即逝的靈感，也才能完成美好作品。

這樣看來，游禮海在攝影技能的領悟與鑽研，說穿了，便是他木雕藝術作為的延伸了。

遊山玩水兼及拍照的生活多元而豐富，游禮海在退休後的幾年內，踏足美國加州卡爾鎮、錫安峽谷、布萊斯勒峽谷、巴西伊瓜蘇國家公園、中國黃山、張家界、九寨溝、新疆等地，舉凡跟美相關的事物都令他傾心著迷，甚至為了拍攝荷花，在大溪交流道附近的田園種植蓮花，寄寓自然的天人合

巴西伊瓜蘇瀑布

巴西伊瓜蘇瀑布

巴西伊瓜蘇瀑布

巴西伊瓜蘇瀑布

一，安逸自在反映當下的生活境界。他說：「道不外求，求心之安頓。」還說：「人生攝的因，反應成果。」

他拍攝到訪過的大峽谷瀑布，各種形態的攝影作品，壯觀震撼至極。所見峽谷地層大都是礫石和巨岩組成，遠古時代或許是海底吧，經過雨水和河水經年不息沖刷出不知好幾百公尺深的大峽谷。從谷底到谷肩到底有多高？沒人清楚。谷壁直立，壁上的沖溝把谷壁雕鑿成各種奇特的石林狀，呈現深灰黯色，險峻逼人，怵目驚心的程度實在難以形容，就算站在景觀臺也難以一窺全豹的谷底氣勢，但見河灘礫石遍地，千百條水柱嘩啦嘩啦的從谷底神不知鬼不覺的穿越而過。

這些雄奇偉岸、橫亙天地的山川，後來成為滋養游禮海創意靈感的綠洲，他的景觀系列作品便是從這些山水奇觀逐步生長出來。

## 鍾情攝影，以大自然為師

六十五歲之後鍾情攝影，仍無法忘情雕刻，傳承木藝的使命在游禮海身上未曾消逝過。

並非他特別鍾情天人合一所象徵的潔淨或清新，人們對於大自然的反應本來即有一定模式，事實上，所有人對大自然都是敏感而好奇的，山水美景具有對創作構成靈思的魅力，或是提供人們寬廣的視野，同時具有深刻的創造力。

比之山水所產生的視野效果，他喜歡從暗色的黑夜裡觀看光線所滲出的透明光譜，這對木藝創作形成無比凝練的靈動效果。

回顧已有千年歷史的木藝，由木頭雕刻成木器，榫頭為方、卯眼為圓的

攝影作品《石門水庫旭日東昇》

攝影作品《蓮花不著水》

枘鑿時，會產生互相抵觸而不相容的現象，有著極易扭曲、變形的特徵；因此，歷來製作木藝造型大都屬於精雕細琢的技能。

當面對細緻的木藝文化在時代更迭中不斷演化，游禮海意識到無須跟隨「文創產業」，他自覺製作藝術化的家具雖則「好高騖遠」，高寒杳然，卻正是促使他實踐的動能。

難道擁有悠久歷史的木器製造業，僅能在表面上揮動巧模樣以示技藝？他不以為然，他相信可以從智慧、文化和技藝尋找到來自木器形體上的革新。

研發與創作木藝的經歷，每天都會遇上不同挑戰，由於堅持與要求，為突破傳統工藝，打造精緻頂級的現代化木器藝術為目標，從設計、取材到製作，過程用心，游禮海意圖將古中國木藝技術在臺灣集大成，淋漓盡致的發揮。

接觸木器初期，他的內心確實存在過要讓世人讚嘆：「原來木器也能這樣做！」的強烈意識。不畏艱難，他選擇腳踏實地去做，他用不服輸的毅力與態度，終焉讓木器藝術藉由更多直線、平面與鏤空設計，可以多角度、多層次、多方位的從巧手中活靈活現起來，從而使純淨的木頭與之共伴，並讓木器褪去傳統的呆板模樣，回歸到能與自己對話的生動境界。

這的確是一種承受高難度挑戰的木器革命運動。

他總是認為，堅持是一輩子的事，就像攝影，如果不堅持到最後一刻，美好感動的畫面絕對不會出現，因為靈感一閃，無法重新來過，甚或補救。做木器也是一樣，有時候會面臨各種困難，這時候一定要拿定主意，堅定毅力不妥協。

作品《大觀》

作品《大觀》局部

# 木頭成為他和藝術創作之間的橋梁

從製作尋常家具轉型藝術家具的珍貴創意，讓他在工作中發現快樂、享受快樂，它不僅是一種樂趣，更是對傳統木藝再創造的奉獻，他喜歡這種從容而昂貴的付出。

日本人常說，好吃的拉麵，是因為拉麵有生命。意思是說，拉麵師傅以認真的專注心賦與拉麵生命，才能使拉麵吃起來爽口入胃。

他的木器與木藝設計，不論家具、佛像，一樣充滿巧手精製的生命力，那是藝術，更是快樂工作、專注的心力所完美呈現的新生命體。

好比世人之所以不快樂的原因，絕大多數是對俗事俗物的謀求、執著和過度在乎享樂所造成。人必須先覺悟到欲望是無窮的，好像海浪一樣不會休

作品《孺子可教》

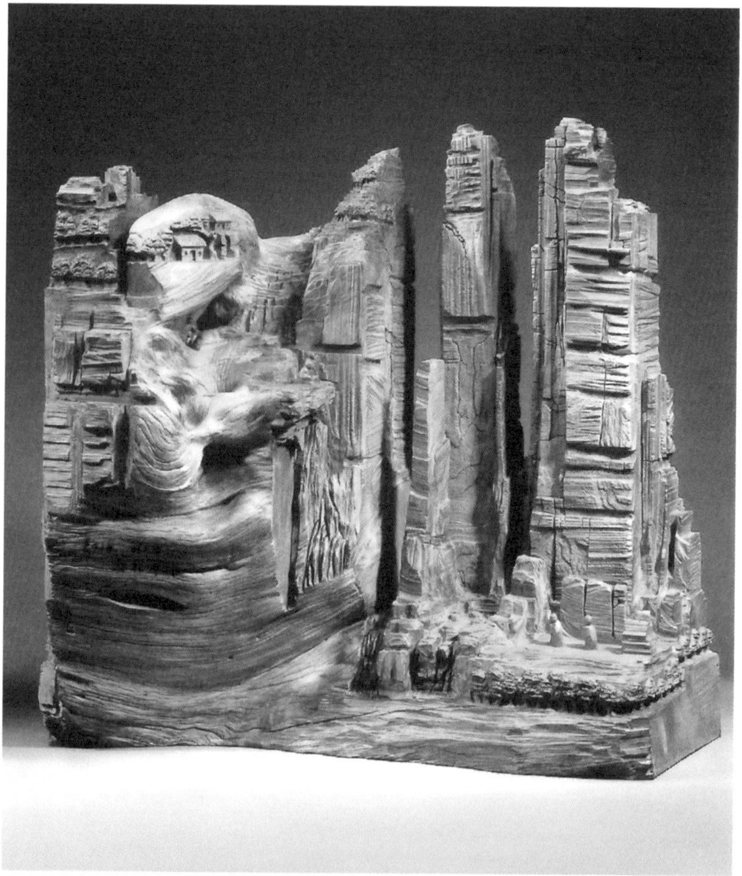

作品《雲山覓知音》

止。因此，要先讓心平靜下來，思索大自然之美、樹木之美或空白之美，然後在自然中找到內在的自己，就會出現不可思議的寧靜至美和快樂之道了。

內心的寧謐對創作的吸引力是強烈而自發的；內心寧靜，即是回歸到人心的根源。

例如，把一條魚飼養在一個昂貴的黃金鑲鑽塑造的水缸裡，但是，魚對黃金和鑽石根本不感興趣，魚只想回到海裡去。這就如同，人心本來就有個安穩的「家」，卻被禁錮在思維複雜的「思想牢房」裡，難以伸展；人的內在本來就擁有自主性的「神性」，卻一心向外尋找看不見的「神祇」，結果當然遍尋不著。

游禮海構思和設計木藝的藍圖，都是往內心的「真我」尋找畫面，抽象、具象，甚至靈動，都來自心念，心念是被動的，但它看起來彷彿是主動的，只是由於真我的光耀反射到它，讓它看來比私我更強大，若說他的木藝作品的創意有超乎凡人的想像，料想都是因為他用心在其中找到佛性，找到真我的人性，這是很重要的課題，說是領悟吧！

再說一例，鐵塊和泥土的本質都不是自體發熱的，它的質地是冷峻而被動的，當人們把鐵塊和泥土放進火中燒烤時，那燃燒發出熱能的究竟是鐵塊還是泥土？都不是，是那燃燒的炭，傳給鐵塊和泥土熱能；鐵塊和泥土的熱能是他物傳給它的，但當鐵塊烤熱，泥土燒成陶瓷時，它卻比燃燒的炭更具有熱能。

這種藉由炭所產生的熱能，宛如藉由內在的靈動找到創作靈感一樣。而游禮海便是從旅行中，從學習攝影中，接觸壯闊大自然而產生木藝創意的熱能。

五十餘年研發，辛苦折磨，他終焉實踐，也獲取創作能量。他但願能將木器衍繹的生動品味，引伸到普羅大眾的日常生活中。

不要對每一件事都抱持習以為常的態度，習以為常易於形成盲目和麻痺的態度；包括視覺、觸覺，都要用心講究。可以這樣說，把日常家具的實用性與藝術性轉換成戲劇文學的概念，何嘗不也是一種優雅的高尚品味？

這是游禮海堅持的創作態度！

其實，也正是這種堅毅的態度讓他勇於走在人煙罕至的木雕路，尋找到木藝美學的實踐方式，以及生活智慧的探索方向，從而在只見氣度的精巧作品裡，沉思一席寧靜，看透不染微瑕的高潔物象所象徵清新雅致的深度風格。

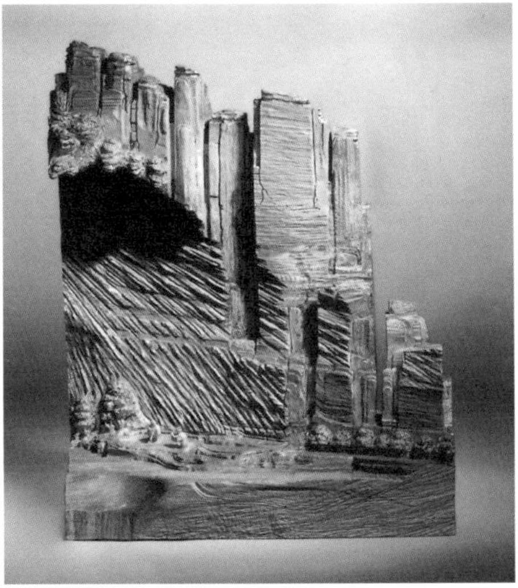

作品《松下問童子》

作品《言師採藥去》

# 從山水中尋找靈感

旅行過後，面臨人生七十古來稀，前程幾何時的年紀，七十七歲的游禮海毅然決定重返工作室，再拾鑿刀，投身山水景觀木雕，創作系列〈景觀雕刻〉；這一系列作品陸續完成，讓游禮海的木藝創作聲望卓爾不群，或有聞焉。

取材自大自然山水，以及旅遊時所攝下的雄偉山岩壯壁帶來的靈感，加之他「以藝載道」的精神內涵，讓每一件作品呈現立體化、神奇化，彷彿坊間科技版３Ｄ，他曾遊走的錫安峽谷、布萊斯勒峽谷、伊瓜蘇瀑布、黃山、張家界、九寨溝等景象，傳神般的顯現在木藝作品中，寓寄大自然天人

作品《衝出夔門》

作品《仰之彌高》

合一的境界，完美呈現。如主題「初心」，藉由山水之美鼓勵人遇到挫折不退縮，堅定意志，保持初心；如主題「大觀」，是他耗費一年時間完成的作品，山水峭壁，視野與心境寬闊，刻劃人坐在山壁流水洞穴，闡述「海納百川，有容乃大。壁立千仞，無欲則剛」；如主題「千年一日」，描述彭祖向八仙求壽故事，敘述天上一日地上千年，孝感動天。

提到孝感動天，仍需提到一生歷經無數悲歡的游禮海，年輕時曾擔任大溪消防隊義消，年歲長大後，無法出力轉為出錢，大溪武嶺國中校園內矗立了一座「禮海橋」，即是為感念游禮海助學善心之作；九二一大地震時，他還奉獻一幅張大千的潑墨畫，美國義賣，獲得三百餘萬元捐款，再加個人的荷花攝影作品義賣所得，共計捐助四百多萬元。他的善行義舉如同他「以藝載道」的木藝作品，深受人們讚許。

經歷每一階段的生命過程都蘊含他寶貴的人生哲學，從事木器、木雕和木藝的人，一致認為游禮海的人生哲學是在強調不斷突破與創新中活著，他

作品《逝者如斯》

推廣木器藝術化不遺餘力，其活化藝術及人生體驗對後輩影響深遠。

對游禮海來說，他認為木藝就是人生品味，好比攝影中的特寫，只是藝術作品中的一小部分，身為一介創作者必須善於觀察，注重傳統，以傳統的精粹為根基，用傳統發揮它的價值，才可能完整發揮新的創意。

作品《義擇曹操》

## 天有時，地有氣，物有美，工有巧

木從草，冒地而生，本質密度小、細膩，卻很踏實，因此從事木藝創作過程倍增辛苦；這時，他對於木具製作的熟識已漸趨強烈與明朗，在工作坊精心繪製各種造型的木材，這種蹲踞工作的形態，不論製作家具，雕刻木器，他把每一塊木頭塑造成人們心目中最雅緻的行雲流水。他不是盲者，已能輕盈自如的從單一木塊中，想像和發現懾人魂魄的木藝光芒，可以盡收眼底，成為清沁心靈的藝術品。

他終究了悟《考工記》所言：「天有時，地有氣，物有美，工有巧，合此四者，方才以為良。材美工巧，然而不良，則不時，不得地氣也。」的奧

桃園市與千葉縣友好交流協定，游禮海擔任總團長。

日本千葉市漆器交流座談會

桃園市長鄭文燦與文化局長莊秀美拜訪游禮海

妙天理，因而從中獲取不少繪製經驗與技藝巧能。

出自《周禮．冬官考工記》裡的這段話，意思是說，天有寒溫之時，地有剛柔之氣，材質有優良的，工藝有精巧的；把這四方面結合起來，然後可以製作精良的器物。材質優良、工藝精巧，然而製作的器物卻不精良，就是因為不合天時，不得地氣。

看來，木藝的製作難度高，前後研發雕琢時間長，所以，七十七歲復出雕刻〈景觀系列〉的首作〈初心〉就花掉一年時間。

就這樣，他在木藝世界，開始玩弄起雕琢木頭藝術的遊戲。

說遊戲，不為過，他在獨自冥想與構圖設計的過程，常因不斷修改和修正而感到創作時的熱切幸福，尤其面對原木，靈機幾番躍動，他在工事場經常感受到原木光芒帶給他開闊的心境；說也奇怪，一旦經由雕刀刻畫出來的木藝，竟能讓人在閃爍明耀透亮的木料材質裡，見到他的心血與汗水，喜悅和感動。

喜歡一件永不輕言放棄的工作，他終於明白最初潛藏在迷惑心底的選擇是正確的，換言之，他已無從逃避和木頭之間最親密的關係，倏然瀟灑的轉身，從此進入木藝世界更高境地。

二〇一六年十一月三日，為展現新一代木職人傳承傳統工藝，並邁開創新木藝腳步，由桃園市政府主辦，游禮海擔任總團長，在《桃園市——千葉縣友好交流協定》推動雙方觀光、文化、教育、經濟及貿易等廣泛領域的交流活動中，前往日本千葉縣物產館及千葉大學工學院，舉辦第一屆「真面木——桃園木器展」，由十四位木器職人，包括以簡樸美學、臺灣常民風著稱的魏榮明；協盛木器行第三代年輕藝師，傳承新創〈微笑椅〉的姚世豪等，展出四十件木器作品。

除了強化臺日雙邊文化交流，讓更多日本人認識大溪木器文化之外，更與日本木產業及傳統工藝團體交流，參訪當地工藝館及國際會展。會展中，展出游禮海榮獲第二屆民族工藝獎作品〈迎福——書卷花臺〉，以及象徵時

鄭文燦市長推崇游禮海精湛的木藝作品

鄭文燦市長推崇游禮海推動木器藝術化的貢獻

鄭文燦市長肯定游禮海的木藝作品

光飛逝，呼籲把握光陰，逝者如斯夫的〈如斯〉。精雕細琢、混然天成的木藝作品，深受日方業界好評。

大和民族向來重視傳統木藝，其家具木器深受唐風影響，而臺灣木藝除傳承自唐山，也具有明清風情，更融合臺灣常民風格與日治時期的東洋風，從而形成臺灣木器職人多元的創作風貌。

三天盛大的木藝交流活動，堪稱卓然稱異，成效可觀。

交流活動結束，桃園市長鄭文燦特別前往大溪拜會游禮海，推崇他精湛的木藝作品，以及推動木器藝術化的貢獻；鄭市長強調，木藝是大溪特色之一，現今客製化家具需求比例逐漸提升，市府研擬規畫設置「桃園木藝學校」，從高中開始培育，成立後將邀請游禮海藝師授藝，讓木雕技藝流傳，積極發展大溪木藝生態。

文化局長莊秀美則說，游禮海從牧童、礦工，直到跟著木藝師黃全學藝，一九六二年創立「吉美木器行」投身木器家具經營，把人生許多的體悟

游禮海解說自製的人體工學坐椅

融入創作，作品展現流暢圓轉、精緻細膩的獨特風格，見證大溪木器產業從二戰前的漢式、和式，轉為洋風混搭樣式家具的演變，他更是推動大溪木藝生態博物館成立的推手。

兩位市府官員的談話正巧印證桃園市與千葉縣締結友好交流協定後，首次交流活動的主題「真面木」。這個取材自日文漢字「真面目」的原意，係為認真、執著、努力不懈之喻，象徵桃園木職人的「頂真精神」。

# 作品傳述人生哲理

## 足跡是不回顧過去的手指

大溪自大清王朝以降，及至日治時期以來，一直是臺灣木器家具、神龕供桌的製造重鎮，這裡擁有無數優秀的木匠藝師，眾多藝師中，唯一榮獲全球中華文化藝術薪傳獎「民俗工藝類」連續三回，深受業界敬重、肯定的游禮海，以製作傳統家具起家，傳承閩南木器特性，再將臺、漢、和、洋各領域的木藝特質巧妙結合，完成佛像、木雕山水、花雕神桌等獨一無二的創作。

引領大溪木器藝術化超過一甲子的游禮海，特別重視古典與創新，堅持以傳統的榫卯結構作工，推展「藝術生活化、生活藝術化」的理念，讓風格清秀、實用的新款家具替代舊式家具，賦予傳承文化的意義。

他在桃園文化局推出個人「八十回顧展」的木作展覽，呈現每個創作期的代表作，闡述內心世界、人生哲理，尤其晚年經常造訪中國黃山、張家界、九寨溝等地景，使他創作的「景觀系列」洋溢文人畫作的氣派神韻，令人驚嘆不已。

這是值得欣喜的事，他懷抱微風拂面的愉悅心情接受紛至沓來的喝采與榮耀，誠為他的內界和外界銜接最密切的時刻，容他堂堂皇皇遂登木藝堂奧的大門。

一切看似容易，但事實並非如此單純，他在不斷毀損與毀壞的意象和現實裡，偏執的認為自己一定獨可倖存，絕不會讓錯誤的作業擊潰任何一回得來不易的創意，甚而就此遭到滅絕。尤有甚者，研發與創作的經歷，由於堅持要求完美，為突破傳統工藝，打造精緻頂級的現代新木藝為目標，從設計、取材到製作，過程處處用心，歷程十分艱辛。

他從來不會特別在意成功或失敗這個極度抽象又無具體意識的法則，過去和現在，他善於獨自作工，不受干擾；僅在乎自己有沒有腳踏實地去做。這句話聽起來有若八股，但事實上創作之路正是這樣，認真去做了沒？比追求成功或失敗那種無稽的絕對值，更具挑戰；他寧可在信賴自己的能力與努力的工夫上，撐起一片天。

實現木器雕刻的意念，就是經歷重重千辛萬苦的過程，他卻以不終止上進的希望給予自己激勵和訓誡。

他可能已無法清楚記憶起十年前、二十年前某一天發生過的事，然而，這不等於那一天他沒活過；他可能記不起前一世經歷過的事，但是，毫無疑問，他確曾活過那麼多世，活過一段又一段艱難的歲月。

沒有過去受過萬般苦難的那個他，自然沒有現在實現木藝美學夢想的這個游禮海。他不是那種輕言放棄夢想的人，跟任何平凡的人一樣，就算每一次雕製木藝的成功率只有百分之五十，他仍不會輕言鄙棄。

他已完全能把木頭當作文學家的文字思緒，或音樂家的音符節奏一樣隨意擺布；好一陣子他差些無法相信，體驗木藝研發有了具體成果，感受無比

木藝師游禮海

游禮海家族朋友合影

快慰的是自己；過去，經常湧現可不可能確切完成木雕藝術的疑惑中，最終都在每一回的新作成果發表會，讓他明朗起來。他明白，木藝之神並未遺棄他，他也從未有過被遺棄的感受，這是人生最光輝的體驗。苦難早已離他遠去，暗翳、困惑也離他甚遠。

架構木藝製作的體認，好比讀書一般，不論讀史、讀經或休閒雜書，經常會在字裡行間讀到使人快意的句子；一剎時，那些使人感到生動的詞句能在心田激盪出微妙聯想，教人心神不覺低迴不已，總想把那種淡淡幽幽的感覺抒發出來；用說的也好，不言而喻的用創作表達出來更佳。看在游禮海的心裡，他會安穩的把得來不易的靈動滋味存放心底，化作實體藝術，時日一久，木藝芬芳自然四溢，深沉愈加濃郁，不必相傳也能換來心靈創意的一場豐盛之旅。

他在構思木藝藍圖，一再從不同類型的人身、萬物、自然之中得到感應；快樂或不快樂、獨處或群聚、腦海經常閃爍出一些曼妙畫面；跳動的、靜止的、飛揚的，不一而足的人生百態形成一種奇特念力；他喜歡把那些神

2006 年作品《回顧》

奇的念力當成發覺美，發覺意境，最耐人尋味的能量，幾度在其中被溶化，而這些創意信仰都脫離不開他「以藝載道」的範疇。

創意的意念和思緒自由飛翔，隨意游移、飄散，不留一絲蹤跡；每次他都細心撿拾那些乍現的靈光，化為層層疊疊、無窮無盡的靈感。

一念之間，是他創作的本能，更是本領。

如此一說，他的確能從書本中信手拈來一兩句春花秋月，如泰戈爾的「足跡是不回顧過去的手指」、「你摘取花瓣並未採集花的美麗」或米蘭．昆德拉的「獨處是人間至高無上的幸福」這些涓滴慧語，足可撩起他繪製木藝的鷹揚動力。

不僅如此，他讀書、讀人、讀物，或觀察，總能讀出許多深刻感觸與感動；他利用獨處思索這些人事物的智慧，竟然發現這口智慧泉井，掘之不盡，深且沉，他只能將這種心靈觸動儲存內心，用心咀嚼，同時利用這種觸動，將感悟記錄於心；無非是要自己把那些短暫的現象開啟，展開如受驚嚇

作品《沉思》

的蝴蝶遺留在窗櫺的鱗粉，讓他沉溺，使他心安。

獨處閱讀或沉思，是一種快樂與開悟的心靈分享。他確切明白這個道理。

且問，誰人有能耐在沉沉獨處的時刻，偷竊你的心思和夢想？偷竊你智慧裡的萬紫千紅？

在思想與智慧的隘口，的確無人膽敢偷取另一個人的靈魂；除非，那個人也正幽幽緲緲的在獨處時把玩靈魂，碰巧和你照面相視，如若能如此會心相溶，何嘗不是創意的泉源！

他相信大自然，它既是色彩也是意境，如此讓心貼近創意，正是他創作「景觀系列」的主張呀！

# 心無雜念，便能悟出道

游禮海愛讀老莊哲學，讀到《莊子》〈人間世〉提到：「瞻彼闋者，虛室生白，吉祥止止。」句子中的「虛室生白」，可以註解成「室比喻心，心能空虛，則純白獨生也。」古人高誘注釋說道：「虛，心也；室，身也；白，道也。能虛其心以生於道，道性無欲，吉祥來止舍也。」

如果把這句話轉借到他的木藝人生，不也可解說成：「心無雜念，便能悟出道，生出智慧，譬喻原木原色所形成，清澈明朗的境界。」

他讀老子《道德經》第四十一章，談及高潔廉明，寫道：「上士聞道，勤而行之；中士聞道，若存若亡；下士聞道，大笑之。不笑不足以為道。故建言有之：明道若昧，進道若退，夷道若纇，上德若谷，大白若辱，廣德若不足，建德若偷，質真若渝，大方無隅，大器晚成，大音希聲，大象無形，道隱無名。夫唯道，善貸且成。」這「大白若辱」之喻，使他深刻領悟白所象徵的原色是無為境界，是促使他走上製作木藝的奧義。而辱有黑的意思，與白對立。老子本意，是以白造緇，緇為黑色之喻，除去污辱之跡，所以稱辱也。

老子「大白若辱」的話，經常在他胸臆中懸念，原色的純淨意念必然可以讓他把木藝文化加以發揚。原色和空白和透明可是大自然的一體！因為不擁擠、不豔麗，便能生出靈動意象。

他對美的探索，一如佛像雕琢，還有神龕供桌，並非單純的僅為取得工作上的創意資源，他在原木原色世界裡尋找和諧親切的美學，那讓人看來十分雅致的色調，不會只是一種色彩，那短暫一眼所見的純淨形成永恆的美感，使他烙下鮮明印象，這種優雅的美透過肉眼所留下的形跡，與之任何色彩所呈現的豔麗之美，愈加為心神帶來如止水般悠然的平靜。

作品《初心》

作品《光陰》

七十之後，他幡然感悟，原木原色，那是充滿無爭而寧靜的色彩，原木原色的光芒猶如年輕的肌膚散發出青春躍動的生命，精巧的傳述潛藏簡單而溫潤的沉穩姿貌，他強烈感受到透徹的原木是甦醒之色！

《大紀元》雜誌記者張年潔訪問游禮海的報導中，寫道：

小時候家庭困頓，但他卻懂得「欣賞藝術能讓心靈充實」，不會因為物質環境差而空虛，他從學習欣賞藝術的過程中鼓勵自己，讓自己學習技藝，進而讀書、學設計，一路不斷充實自己，因此在從事家具業時，他會將藝術融入創作中。

他認爲在家裡放個漂亮的藝術品，就會不斷給家人充實藝術內涵，提升人的藝術氣質。擴大至一個國家民族，他說，如果文化藝術做不好，國民素質也無法提升。游師傅在年少時經歷一段困苦的歲月，他把人生許多的體悟跟智慧融入創作，發人省思。

超過八旬高齡的年紀了，期間雖曾暢言「已屆退休」、「遊山玩水」，但卻未曾見他真正放下工作，他手不輟刀，認為工作是一種享受，還說：「把工作當修行，用這種信念做事，就會覺到做得很快樂。」

沒錯，七十之後，直到如今，他把個人的人生歷練融入木藝作品中，他用雕刻寫下生命故事，不只展現精湛手藝，更多的是寶貴的人生智慧。

初心

第一個「景觀系列」木雕藝術作品取名〈初心〉，創作過程十分艱辛，他認為一個人必須找到自己生存的意義和價值，因為不想懵懵懂懂過活，所以竭進精神留下初心。他強調：「很多人做事起初總是懷抱不少美好願景，一旦遇到困難或挫折，就不斷退縮，最後索性放棄。這個作品意涵鼓勵做人處事必須堅持初心。」

光陰

另一取名叫〈光陰〉的作品，上面刻有小船、流水，代表時間痕跡，這個作品是要鼓勵年輕人，時間寶貴，最宜趕緊努力，否則不斷流逝、一直過去。「光陰」引用宋朝朱熹的詩作：「少年易老學難成，一寸光陰不可輕。

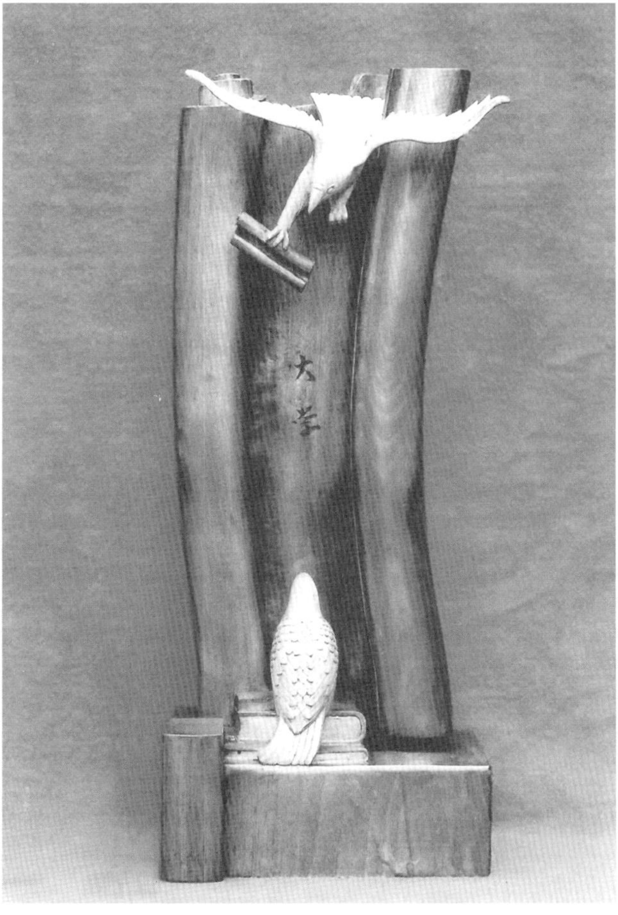


作品《立志》

作品《吉祥如意》

未覺池塘春草夢，階前梧葉已秋聲。」寓意珍惜時間，努力做事。

立志

刻劃游禮海小時家境不好，為了生計，當起童工，完全沒機會讀書，直到十六歲要求母親讓他學習木雕技藝，除了學得一技之長，還趁空到私塾讀書識字。他把這些歷程和領悟，以一隻認真學習的雛鳥，和一隻抓著書本展翅高飛的雄鷹在天空翱翔，闡述〈立志〉。他說：「少小不懂事的時候就要認真讀書，等到擁有智慧進社會做事，條件、配備都齊全了，人生路逢遇坎坷自然好解。」

吉祥如意方櫈

作品〈吉祥如意方櫈〉，外型款式採用櫈身束腰、三彎曲腿式呈現，櫈腳為如意樣式，寓意「稱心如意」。

福在眼前

中西合璧的作品〈福在眼前〉，用三面桌腳邊緣刻有連成一體的蝙蝠、蓮花、祥雲和龍，展現秀雅雕工。

作品《福在眼前》

## 在水平裡做出自己喜歡的工作

工作上，游禮海是個不折不扣的行動主義者，他的積極態度大抵建立在對於人的信任，「相信人不是難的事。」他說：「你不相信這個人，就如同不信任天，那麼又如何能知道人到底可不可以相信？」

他的木藝雕刻理念，即以此為原則。

他認為不論做事業、做人，「態度」是決定一生能不能有好成就的重要元素，也即是說，做事業一樣必須要把有心、用心、誠心、關心、愛心、貼心、窩心，放入其中；他說：「用忠於自己的心，在水平裡做出自己喜歡的工作。」

這是價值論的因果對應。

相對於這種因果對應，讓他的木藝生涯從容度過六十餘歲月。

受到古籍的影響和支配，出生貧寒的游禮海，的確有超過原本應有的「額外」好運，就像古人所說的好運勢，那是基於他對人對事永遠抱持樂觀主義，他積極與充滿自信的性格，使他在行使「有所作為」時，絕不心軟，「我知道自己要如何活著，如何作事。」他說。

一旦依仗這種信念往復挹注到木藝雕刻的精神裡，他仍堅持用認真的態度面對工作，面對人生。

「各行各業都有他存在的價值，就連菜市場販賣蔬果魚肉的人，也會有他應得的成就，因為，他就在人群之中。」所以做事業的第一要素，他始終以道德與道理為最高經營準則，他同時用這種準則對待員工、客人、朋友，還有自己。

工作中各隨業力，厚薄不差的快樂，會比它可能帶來的結果更多；所以說，工作過程所將獲得的經驗、感受、發現、矛盾或困惑，往往比實質獲得

游禮海出席大溪木藝博物館開館活動

木藝博物館「藝師館」開館

2016年，獲第23屆「全球中華文化藝術薪傳獎．木雕工藝」，蔡英文總統接見得獎者。

受獎典禮後，游禮海與黃月嬌攝於總統府前。

第 23 全球中華文化藝術薪傳獎頒獎，與桃園文化局長莊秀美等人合影。

的報酬，更具意義。一般人卻不作如是觀，人們想要的，大都就是看得見、摸得著的物質，對那些引為抽象或所不見的東西了無興趣。

商業環境和社會環境，充滿過多捉摸不定的顛覆變故，如果不去做適度改變，回歸人群，回復人性，甘心樂意去做有意義的事，否則「你跟別人又有什麼不同呢？」他說。

人心也是如此，很容易便在物欲洪流中，沉溺於感官的汪洋裡；把心放空，擲棄雜念，心便能順暢飛揚在人生孽海，徜徉於萬里晴空中。

晚年入道的游禮海，耕耘木藝數十年，看盡萬象懸浮，點滴無聲拂天際，愁心不再，不會亂了方寸。

# 水月無邊帆影歸

近七十年的木藝創作生涯，如何讓藝術與生活和實用聯結，一直是游禮海努力的方向；期間，他不僅從東方木雕的神祕領域中獲取「真我實證」的深厚人生哲理，也愈加感受到「以藝載道」所欲展現動人的現代木藝精粹的宿願，正邁向世界。

他明白自己過去和現今的人生方向與歡喜做的事，甚至清楚受到世界各國木藝界對他在佛像、神龕供桌、藝術家具和景觀木雕卓越表現的青睞，使他愈益強烈感受「木頭和我」之間產生極其深厚的情誼；一切成果近在眼前，他內心莫不歡喜，這是有生以來逐漸領受的幸福感動。因為隨時做好實踐夢想的準備，讓他深刻體悟，六十餘年孤注一擲的瀟灑轉身，從木匠到藝師，機會翩然到來，成就永不嫌晚。

莎士比亞名劇《羅密歐與茱麗葉》，有句傳頌千古的名言：「What's in a name?（一個名字裡面有什麼含意呢？）」然，對大溪人來說，「游禮海」這個名字的含意象徵「藝師」，是受人尊崇與敬重的長者。正如他為大溪木藝館所屬「藝師館」山門寫下的對聯對句：

藝乃滋靈　甘露水
師爲傳世　文明根

年近八十餘，突然，他有一種寧靜致遠的感喟，因為天太藍，藍得沒一絲雲彩；因為雨太急，在天空包容下，氣體清晰得無塵無垢；因為陽光太耀眼，空氣太靜，使得大溪除卻優雅的山水之外，就是連其他地方都找不見有比它更優越的景觀木藝了。

85 高齡的游禮海

大溪木藝博物館「藝師館」留有游禮海木藝作品與詩作

所以，他以絕對認知宿命的意識，誠摯接受好似無常晴雨的人生，並以悠揚心情面對，如同接受春去秋來一般尋常。要明白，人類諸多欲望，有如口袋裡的銅板；銅板越多，負荷越重。

記憶和回憶何嘗不也如是。俄羅斯作家杜斯妥也夫斯基在《窮人》一書中寫道：「回憶我的種種往事，總引起我無限感慨……這真是奇怪的事，感慨歸感慨，而回憶總是那麼迷人。甚至過去那些倒楣事，原來惹得我十分惱恨的，在回憶中也會變得不那麼可恨，反倒成為一段動人的經歷。」又說：「當一顆心變得沉重、痛苦、疲憊、悲傷的時候，回憶能夠使它振奮起來，就像炎熱的白晝過後，涼快的夜晚來臨，一滴滴露珠滋潤被烈日烤得萎縮的花朵，使花朵重新生氣勃勃。」游禮海年少生活黯澹，卻已隨時間流逝而褪色；人過中年，生命不緇，曖曖內含光，就連木藝生涯一樣呈現生機勃勃的景象。

再說，衰老不是從中年開始。回頭想起小時候，他依稀看見舊名大嵙崁溪，源流自新竹縣尖石鄉境內塔克金溪的大漢溪畔，來往漂流的輕舟帆影，在渡船頭停泊了又走掉，還有從角板山運送下來，浮游溪上，價值不菲的巨木、樟木，那是變遷時代的歲月斑痕。

他很想再走一趟日治末年的大嵙崁溪。他的兒時、少年、青春時代的記憶都在那裡。

時代的腳步跑得越來越快，快到他都快記不住這座小鎮發展中的繁華背影；曾經伴隨成長的理想和激情，曾經無畏艱難開拓木藝新天地的單純夢想，倏忽被歲月消解得無影無蹤。就要進入垂暮之年了，他很想靜靜坐在溪畔，多看一眼大嵙崁溪璀璨的落日餘暉灑向大溪公園這邊。

這一生雖無驚天事件足以羈絆，但無數尚值一提的大小事件堆積，擁擠著，占滿他的一生；儘管那些大小事包括少時牧牛的尷尬、受辱的欺凌、清貧的生活，但比起當初執意在懵懂年華遠赴臺北學藝的悲壯，他的一生可謂精采至極。

游禮海為「藝師館」山門書寫的對句筆跡

大溪公園

大漢溪

後來的十餘年，接近晚年時刻，因體力透支導致的病狀百出：高血壓、高血脂、糖尿病、攝護腺……，即使身體開始出現諸多毛病，這些毛病也沒什麼特別出奇之處，就是一日三餐準時把醫生看診開下的藥丸送進嘴裡。但他仍清楚記起某年某月他曾對自己許諾，要把大溪木器業帶到更為大觀的境地。

生而有涯，學亦無涯，即使身在夢中，他也不是那種輕言放棄夢想的人；生在大漢溪畔，離大溪家鄉近一點，喜悅的信賴，他便能心安理得的逃脫輕飄虛無，準確的讓木器藝術出現更多璀璨曙光，這一生便了無遺憾。

水月無邊，大溪悠然，他在大漢溪畔了悟恆常。

**雕琢生命智慧的工藝瑰寶**

# 木藝師游禮海

作　　者／陳銘磻
圖片來源／游禮海、游秀能、陳銘磻
美術編輯／方麗卿
企畫選書人／賈俊國

總 編 輯／賈俊國
副總編輯／蘇士尹
資深主編／吳岱珍
編　　輯／高懿萩
行銷企畫／張莉滎、廖可筠、蕭羽猜

發 行 人／何飛鵬
出　　版／布克文化出版事業部
　　　　臺北市中山區民生東路二段 141 號 8 樓
　　　　電話：(02)2500-7008　傳真：(02)2502-7676
　　　　Email：sbooker.service@cite.com.tw
發　　行／英屬蓋曼群島商家庭傳媒股份有限公司城邦分公司
　　　　臺北市中山區民生東路二段 141 號 2 樓
　　　　書虫客服服務專線：(02)2500-7718；2500-7719
　　　　24 小時傳真專線：(02)2500-1990；2500-1991
　　　　劃撥帳號：19863813；戶名：書虫股份有限公司
　　　　讀者服務信箱：service@readingclub.com.tw
香港發行所／城邦（香港）出版集團有限公司
　　　　香港灣仔駱克道一 93 號東超商業中心一樓
　　　　電話：+852-2508-6231　傳真：+852-2578-9337
　　　　Email：hkcite@biznetvigator.com
馬新發行所／城邦（馬新）出版集團 Cite (M) Sdn. Bhd.
　　　　41, Jalan Radin Anum, Bandar Baru Sri Petaling,
　　　　57000 Kuala Lumpur, Malaysia
　　　　電話：+603- 9057-8822　傳真：+603- 9057-6622
　　　　Email：cite@cite.com.my
印　　刷／韋懋實業有限公司
初　　版／2017 年（民 106）06 月
售　　價／420 元
ISBN／978-986-94994-1-5